W0077916

POLEN

Spišská
Magura
Poprad
Mincol
1 157 m
Gerlachovský štít
2 655 m
Čierna hora
1 289 m
Levočské
vrchy
Čergov
Nízke
Ondava
Topľa
Beskydy
Laborec
Veľká
Domaša
Cirocha
a t r y
Biely Váh
Poprad
Hornád
Torysa
Vihorlat
1 076 m
nská kotlina
Čierny Váh
Hornádska kotlina
Šimonka
1 092 m
Vihorlatské
vrchy
Tatry
Hnilec
Slaná
Ružín
Torysa
Slanské vrchy
Zemplínska
šírava
er
m
Hron
Východoslovenská
Okna
Stolica
1 476 m
Košická kotlina
rovina
Uh
Slovenské rudohorie
Muráň
Bodva
Ida
Ondava
Zemplínska šírava
Slovenský kras
Hornád
Laborec
Ipeľ
Rimava
Blh
Slaná
Latorica
kotlina
Bodrog
Cerová
vrchovina

UNGARN

UKRAINE

# DIE WUNDER
# DER SLOWAKEI

ERNST HOCHBERGER – KAROL KÁLLAY

# DIE WUNDER
# DER SLOWAKEI

IKAR

Copyright © 2003 by Ikar
Text copyright © 2003 by Ernst Hochberger
Photos © 2003 by Karol Kállay & Martin Kállay
Translation © 2003 by Ingeborg Stahl
Art design © 2003 by Viera Fabianová

*Von links nach rechts: Temnosmretschiner-See, Zusammenfluss von Gran (Hron) und Donau (Dunaj), Enge im Vrátna-Tal, Blick auf die Hohe Tatra,
Holzkirche in Leštiny, Schloss Budatín, Kirche von Matzau (Spišské Matiašovce), Schloss in Pudmeritz (Budmerice)*

DIE WUNDER DER SLOWAKEI

Fachliche Textrevision: Peter Kresánek
Übersetzung: Ingeborg Stahl
Redaktion: Jaroslav Stahl, Hans Kobialka
Grafische Gestaltung: Viera Fabiarová
Hrsg. von Verlag Ikar, a. s., Bratislava 2003
Druck: BB. spol. s r. o., Banská Bystrica

ISBN 80-551-0570-7

# VORWORT
# DES HERAUSGEBERS

Das vorliegende Buch will weder eine „repräsentative Bildpublikation" nach einem eingefahrenen Schema, noch ein Reiseführer sein. Der bedeutende slowakische Fotograf Karol Kállay und Ernst Hochberger, ein eingeweihter Kenner der Slowakei, setzten sich das Ziel, dieses Land etwas anders, von einem weniger bekannten Blickwinkel aus zu präsentieren: differenzierter, mit einem subjektiveren Zutritt und auf mehreren, sich ineinander verschiebenden Ebenen. Dieser Blickwinkel ist keinem fremd, der ein Land als Tourist besucht: Man nimmt es in sich auf in seiner komplexen Erscheinungsform ohne irgendwelche Kategorisierung – die Naturszenerie neben den Denkmälern, das Älteste mit dem Neuesten, den Puls der Zeit parallel mit dem Gefühl für die Schicksale des Landes und seine entscheidenden geschichtlichen Wendungen.

Als hätte die Gämse des slowakischen Hochgebirges, die von Stein zu Stein springt, den Autoren als Vorbild gedient; wobei dies nicht immer die höchsten Bergkuppen sein müssen. Aber instinktmäßig erkennt sie den Gipfel und landet immer auf ihm. Auch die Gestalter dieses Buches haben einen seltenen Sinn für's Detail und die Wahrnehmung von Dingen, die vielen anderen entgehen. Eben dies gibt ihnen die Lizenz für die Motivwahl, auch für zufällige und scheinbar nebensächliche. Aber kann etwas nebensächlich sein, nur weil es bisher nicht beachtet wurde? Beide richten sich danach, wie es ihnen die eigene Persönlichkeit und Individualität eingibt und realisieren das *Pars pro Toto* – Prinzip: Ein Teil steht für's Ganze. Sie wenden sich an jene, die Dinge kennen lernen wollen, aber auch an solche, die die Dinge kennen, aber gewillt sind, diese anders zu sehen. Ihre Ambitionen gehen nicht dahin, alles zu sagen; jedoch gerade dadurch wollen sie das innere Bedürfnis des Lesers nach mehr Wissen und größerer Tiefe wecken.

Es verschmelzen hier zwei Aspekte. Der Blickwinkel des Fotografen, der sich weltweit durchgesetzt hat und dem die slowakische Realität trotzdem nicht zu klein erscheint – Dinge, Gegenstände, an denen er unentwegt vorbeigeht (mit Respekt: meistens mit dem Fotoapparat). Und der Blickwinkel des Angehörigen der Karpatendeutschen, für den die Slowakei die Heimat war und ist. Des Naturliebhabers mit der Gelehrsamkeit des Historikers und Kunstwissenschaftlers, der, obwohl er die Slowakei im Jugendalter verlassen, sie nie aus den Augen verloren und aus dem Herzen verbannt hat. (Wie viele von uns werden jetzt rot?) Sein Blick von außen, zugleich aber auch von innen, ist entschieden neu, nicht abgedroschen und überaus erforderlich.

Der Verlag IKAR reiht dieses Buch in seine Edition Weltwunder ein und ist somit gewillt, den mühsamen Weg des Erkenntnisprozesses hinsichtlich der Slowakei in der Welt zu unterstützen.

# DIE KRÖNUNGSSTADT UND DER KRÖNUNGSWEG

## DIE PRESSBURGER KRÖNUNGSREMINISZENZEN

### BELIEBTE PREßBURGER KIRCHEN

**Die Franziskanerkirche**

Ursprünglich gotisch. Hat eine wertvolle Kapelle, geweiht dem Johannes dem Evangelisten. Vorbild war die französische Ste. Chapelle.

**Die Ursulinenkirche**

Sie stammt aus dem 17. Jh., urspr. evangelisch, später katholisch.

**Die Jesuitenkirche**

Aus dem 17. Jh., urspr. evangelisch.

**Die Trinitarenkirche**

Ein Barockbau nach dem Vorbild der Petruskirche in Wien. Im Inneren schöne Illusionsmalerei.

Die heutige Hauptstadt der Slowakei erlebte Zeiten großen historischen Ruhmes als Krönungsstadt der ungarischen Könige. Zeuge dessen ist die größte Preßburger Kirche (*Bild oben*).

Zwischen 1563 und 1830 wurden im Martinsdom zehn römischdeutsche Kaiser aus dem Hause Habsburg (bzw. Habsburg-Lothringen) und eine Königin, Maria Theresia, zur ungarischen Königen gekrönt. Gekrönt wurden auch acht Königsgattinnen. Nur Josef II. machte eine Ausnahme, da seine zentralistischen Vorstellungen einer Sonderstellung Ungarns widersprachen. Er war lieber der „ungarische Hutkönig", wie er sich auch selber nannte.

Den Status als Krönungsstadt erhielt Preßburg (Bratislava) als Hauptstadt Ungarns (1536–1783), als ein Großteil Ungarns zum Osmanischen Reich gehörte.

Zur Erinnerung an die Krönungen wurde Mitte des 19. Jh. auf der Turmspitze eine Kopie der ungarischen Krone angebracht. Zur Zeit der Krönungen hatte der Turm eine kleinere barocke Kuppel.

Der gotische Dom entstand als klar gegliederte dreischiffige Halle im 14. und 15. Jahrhundert. Das Kreuz- und Netzgewölbe wurde nach Plänen von Hans Puchsbaum 1452 gebaut. Das relativ lang gezogene Presbyterium wurde 1461–97 errichtet.

Die gotische Innenausstattung, darunter

viele Altäre, wurden bis auf das Taufbecken im Jahre 1409, im Zuge der Barockisierung entfernt. Die ab 1865 durchgeführte Regotisierung befreite den Dom von störenden barocken Elementen, der ursprüngliche Zustand konnte nicht mehr hergestellt werden, da etliche Altäre fehlten.

Auch das Reiterstandbild Rafael Donners aus dem Jahre 1734, Martin mit dem Bettler (*Bild rechts*), wurde vom Hochaltar entfernt und nachdem es einige Zeit lang sogar im Freien stand, bekam es 1915 einen Platz in der Südostecke der Halle.

Von der Regotisierung nicht betroffen war die ebenfalls von Georg Rafael Donner geschaffene Innenausstattung der hochbarocken Seitenkapelle des Johannes des Almosengebers aus den Jahren 1732–34 auf der Nordseite. Bestellt hat sie der Erzbischof Imre Eszterházy, der sich unter der Kapelle ein Mausoleum errichten ließ. In den umliegenden Räumen unter dem Dom gibt es noch etliche Krypten bedeutender kirchlicher Würdenträger.

Mehrere Plätze der Altstadt sind mit dem Festzug nach der Krönung verbunden. Er bewegte sich durch Teile der Kapitelgasse (Kapitulská) – Probstgasse (Prepoštská) – Venturgasse (Ventúrska), durch die Sattlergasse (Sedlárska) und über den Hauptplatz (Hlavné námestie), wo der Festzug von den Repräsentanten der Stadt begrüßt wurde. Danach ging es zur Franziskanerkirche, wo der Ritterschlag zum Goldenen Sporen erfolgte.

Der Weg zwischen Dom und Franziskanerkirche war mit rotem Tuch belegt, das nach der Zeremonie die Trophäe der Zuschauer wurde. Danach bewegte sich der Zug durch die Schneeweißgasse (Biela ulica) zum Michaelertor (Michalská brána), durch dieses hindurch hinter die Stadtmauern zur Kirche der Barmherzigen Brüdern (Milosrdní bratia). Hier legte der König den weltlichen Eid ab und anschließend bewegte sich der Zug weiter außerhalb der Stadtmauern zum Krönungshügel – heute steht dort das Štúr-Denkmal. Hier erfolgten die Schwertstreiche in die vier Himmelsrichtungen, ein Akt, der die Verteidigung Ungarns gegen jedwede Gefahr, woher sie auch kommen sollte, symbolisierte.

*Innenansicht und Altar des Martinsdomes*

# GÄSSCHEN UND WINKEL
# DER ALTSTADT

## EIN SPAZIERGANG DURCH ALT-PRESSBURG

### DAS HUMMELHAUS

Interessant ist auch das
Haus des Komponisten J. N.
Hummel (1778–1837), heute
ein Museum, das seinem
Leben und Werk gewidmet
ist (*oben*). Die Nebenhäuser
mussten im Laufe der Zeit
größeren Bauten Platz ma-
chen, und so kam dieses
neubarocke Kulturdenkmal
in den Innenhof eines
Hauses der Huttererstraße.
Sehen kann man es durch
die Glaswand des davor
stehenden Ladens, der auch
den Zugang zum Geburts-
haus Hummels bietet.

Eine historisch wertvolle Gasse mit Bauten, die mit der Entwicklung der Kirche, der Geistlichkeit und dem Schulwesen zusammenhängen, ist die Kapitelgasse. Die Achse der Altstadt bilden die ineinander übergehende Venturgasse (Ventúrska ul.) und die Michaelergasse (Michalská ul.). Abseits dieser Gassen liegt der Hauptplatz mit der Statue des Kaisers Maximilian II. aus dem Jahre 1572 („Ritter-Roland-Brunnen").

Reizvoll ist das Mirbachpalais, wohl der schönste Bau der Stadt (großes Bild links), entworfen von Mathias Höllrigl in den Jahren 1768–70. Die Fassade, Treppen und Gänge sind von stilgerechter Einheitlichkeit im Stil des sog. Preßburger Rokokostils. Eine Kopie von Tilgners Plastikgruppe Triton mit der Nymphe finden wir im Innenhof.

Im romantischen Gewirr der engen Gässchen fallen einige kleinere Objekte auf. So z.B. das einzige bis heute erhaltene Stadttor – das Michaelertor aus dem 14. Jh. (Bild rechts oben). Der ursprüngliche Turm war gotisch und kleiner als der jetzige vom Beginn des 16. Jh. Sein barocker Turmhelm aus dem Jahre 1758 mit der Kupferstatue des Erzengels Michael stammt von Paul Eller. Vor dem Tor liegt die Barbakane mit dem spätgotischen Haus der alten Apotheke „Zum roten Krebs". Anschließend führt eine Steinbrücke über den alten Graben, auf der die Skulpturen von Michael und Nepomuk stehen. Dicht unter dem Tor kann man von der altstädter Seite aus in die Basteigasse (Baštová ul.) einbiegen, ursprünglich Scharfrichtergasse (Katova ul.). Hier befand sich urspr. das Haus des Stadthenkers.

Wie eine Oase der Ruhe wirkt der Innenhof des Alten Rathauses (Bild unten), von zwei Seiten gerahmt durch Arkaden. Der jetzige Bestand ist das Ergebnis Jahrhunderte dauernder Erweiterungen, Umbauten und Anbauten. Diese führten letztlich zu einer harmonischen Verbindung von älteren gotischen Elementen mit barocken und Renaissanceelementen. Im Rathaussaal von 1577 kann man eine Kassettendecke bewundern und im Gerichtssaal eine reiche Stuck- und Freskenverzierung.

Sehr schön, durch seine Lage unter der Burg, ist das Haus zum guten Hirten. Dieser Rokokobau (Bild am Rand der Seite 8 unten) wurde 1760 gebaut. Heute ist hier ein Uhrenmuseum.

# SO ERHIELT DIE STADT IHREN GLANZ

## DIE GROSSEN PALÄSTE PRESSBURGS:
### KIRCHLICHE, ADLIGE, BÜRGERLICHE

**EINIGE WEITERE PALAIS IN PRESSBURG**

Fast jedes Haus der Altstadt hat nicht nur seine eigene Geschichte, viele zeichnen sich auch durch ihre außergewöhnliche Architektur und Schönheit aus. Viele dieser Häuser sind mit bedeutenden Namen verknüpft – wie Csáky, De Pauli, Erdödy, Habermayer, Jesenak, Keglevich, Pálffy, Palugyay, Segner, Steiner und vielen anderen. Besonders beachtenswert ist das Eszterházy-Palais in der Herrengasse, errichtet um 1740 und es erstreckt sich in der Tiefe bis zur nächsten Parallelstraße, dem Hviezdoslav-Platz. Dieser wurde in letzter Zeit schön ausgestaltet. Das Eszterházy-Palais hat ein besonders schönes Portal mit dem noch ursprünglichen Tor. Das anschließende Ballasa-Palais besitzt eine Rokokofassade. Oberhalb des Portals über der Traufe befinden sich allegorische Figuren – die Beständigkeit, Demut, Umsicht und die Weisheit.

Das Primatialpalais entstand zwischen 1778–81 auf Anregung des Erzbischofs Josef Batthyányi, projektiert von Melchior Hefele im monumental geprägten klassizistischen Stil. Auf der Attika stehen allegorische Figuren und reich verzierte Vasen. Über dem Tympanon (dessen Mosaik die ungarischen Flüsse symbolisiert) befindet sich das Wappen mit dem Kardinalshut. Eine repräsentative Treppe führt in das Obergeschoss zum bemerkenswerten Spiegelsaal. Hier wurde 1805 der sog. Preßburger Frieden abgeschlossen – der französisch-österreichische Vertrag. An diese Begebenheit erinnert eine Gedenktafel in der Einfahrt.

Während der weiteren Zeit gab es hier viele Tagungen und Begegnungen, bedeutende und weniger bedeutende.

Zu Beginn des 20. Jh. benötigte das Rathaus mehr Raum und kaufte daher 1903 dieses großartige Gebäude in unmittelbarer Nähe der Kirche ab.

Die anderen prachtvoll ausgestatteten Räume des Primatialpalais dienen vor allem der Preßburger Städtischen Galerie, die hier ihre wertvollsten Exponate ausgestellt hat. Beachtenswert sind die im 17. Jh. in der englischen königlichen Weberei in Mortlake hergestellten 6 Gobelins, die den Zyklus der Sage von Hero und Leander darstellen (*unteren Bilder*). Bis 1903 wusste niemand von deren Existenz. Erst bei Renovierungsarbeiten wurden sie entdeckt.

Wirkungsvoll ist die Kapelle des hl. Ladislaus, die sich im hinteren Trakt des Palais befindet. Im Hof steht in Verbindung mit einem Brunnen die Steinplastik des hl. Georg aus dem 17. Jh. Diese Renaissancefigur stand früher im Park der erzbischöflichen Sommerresidenz und wurde erst zu Beginn des 20. Jh. hier aufgestellt.

## NICHT NUR ADELSHÄUSER

Auch bürgerliche haben ihren besonderen Reiz. Geschmackvoll ist z.B. das Gebäude des jetzigen Sprachwissenschaftlichen Ľudovít-Štúr-Institutes der Slowakischen Akademie der Wissenschaften (Ecke Herrengasse und Rudnay-Platz).

# VON DEN RUINEN
# ZUR REPRÄSENTATION

## DIE AUFERSTEHUNG DER PRESSBURGER BURG
## UND DER VORBURG

**DENKMÄLER JÜDISCHER KULTUR**

Unter dem Burgberg, Richtung Donau, befinden sich Reste des ehemaligen jüdischen Friedhofes von 1670–1847, wo auch die letzte Ruhestätte eines ganz Großen der jüdischen Gemeinde, Chatam Sofer (1762–1839), liegt. (*Bild oben*). Auf der Judengasse ist das im Renaissancestil erbaute Zsigray-Palais, heute Museum der jüdischen Kultur (*Bild unten*).

Im Gedächtnis der Menschen haftet noch die 150 Jahre lang verfallende Burg, als Ruine mit öden Fensterhöhlen und helmlosen Türmen. Dieser Zustand ist jedoch nur mehr eine Erinnerung an Zeiten, in denen die Verantwortlichen nicht wussten, was sie mit der großen Ruine machen sollten. Heute ist die Dominante Preßburgs weithin sichtbar und auf drei Wegen erreichbar. Über den Pallisadenweg gelangt man westlich zum Wiener Tor und durch dieses ins Innere des Burgareals (einen parallelen Zugang ermöglicht das Corvinus-Tor in der Südostecke), das auch über die Schlossstiege am Südhang erreichbar ist. Auch von südöstlicher Seite aus, über den Schlossbergweg erreicht man das Burggelände durch das Sigmundtor (zu Unrecht auch

Corvinustor genannt: *Bild rechts*). Auch über den steilen Aufstieg von der Nikolauskirche, vorbei an der neuen historisierenden Verbauung, durch das nordöstliche Nikolaustor ist das Burgareal zu erreichen.

Die vierflüglige Anlage des Burgpalastes, der einen viereckigen Hof einschließt, ist ein Werk von Konrad Erling, erbaut 1430. Der Palast wurde mehrmals umgebaut, um eine Etage aufgestockt und durch vier charakteristische Türme ergänzt. Unter Maria Theresia erhielt die Burg eine prachtvolle, im Rokokostil gehaltene Innenausstattung. Die Herrscherin ließ auch das Theresianum anbauen (blieb nicht erhalten), in dem der Statthalter Albert von Teschen, der Schwiegersohn Maria Theresias, gewohnt und den Grundstein zu der später berühmt gewordenen Galerie „Albertina" gelegt hat (wurde später nach Wien verlegt).

Maria Theresias Nachfolger, Josef II., verband nichts mit dem Bau, sodass er 1783 zum Priesterseminar umfunktioniert wurde. Seit 1802 Kaserne, brannte der Palast 1811 aus und war dann dem Verfall preisgegeben.

1953 begann man mit der Rekonstruktion der Anlage. Als Vorlage diente der Bestand zur Zeit Maria Theresias, jedoch nicht ins Detail gehend und auch nicht die Innenausstattung betreffend. Heute dienen mehrere Räume Repräsentationszwecken, andere dienen als Museum. Bei archäologischen Untersuchungen wurden auf der Ostseite Fundamente sakraler Bauten aus dem 9. und 10. Jh. entdeckt. Vom Burggelände gibt es eine schöne Aussicht auf die Stadt und die Donau.

Ein nicht wegzudenkender Bestandteil der Preßburger Burgszenerie ist die Vorburg. Als Siedlung formte sie sich schon seit dem 12. Jh. Eine eigene Siedlung hatten hier auch die Juden, mit einer eigenen Verwaltung und dem Rabbiner als Oberhaupt. In der Hälfte des 19. Jh. wurde die Vorburg Bestandteil der Stadt. Die jüdische Bevölkerung konzentrierte sich jedoch auch weiterhin in diesem überfüllten Stadtviertel. Der Bestand der gesamten Vorburg wurde durch den zweiten Weltkrieg und den Abriss in den 50 er Jahren beeinträchtigt.

### DER WAHNSINNIGE GENIUS DER VORBURG

Ein Teil der Preßburger Vorburg, genannt Zuckermantl war jener Stadtteil, in dem der große exzentrische Künstler Franz Xaver Messerschmidt seine letzten Lebensjahre verbrachte (1736–83). Der beliebte Bildhauer des Wiener Hofes zog als schon kranker Mann zu seinem Bruder nach Preßburg. Er schuf die bekannte Serie der „Charakterköpfe" – grimassenhafte Autoporträts, die einen hohen künstlerischen Wert haben. Einige dieser Köpfe befinden sich in der Galerie von Preßburg (Mirbach-Palais).

# WÜRDE UND ELEGANZ

## DIE SCHÖNSTEN PRESSBURGER GARTENPALAIS

**NICHT NUR GARTENPALAIS**

Im kulturellen Bereich werden das Slowakische Nationaltheater und die Redoute als die repräsentativsten Gebäude in Preßburg betrachtet, eklektische

*Slowakisches Nationaltheater (1886)*

*Redoute (1913)*

Bauten aus der Zeit der Jahrhundertwende (19./20. Jh.). Repräsentativ wirkt auch das Komitatshaus, ein Werk von Ignác Feigler (1844). In den letzten Jahrzehnten diente es dem Slowakischen Nationalrat. Heute besitzt dieser ein neues, modern und zweckmäßig eingerichtetes Gebäude in Burgnähe.

Am Rande des weiten Hodža-Platzes steht das einstige Grassalkovich-Palais, z.Z. die Residenz des Staatspräsidenten (*Bild oben rechts*). Das barocke Palais besticht durch seine klare Linienführung. Es steht am Rande eines französischen Parks und erbauen ließ es der Präsident der ungarischen königlichen Kammer, Graf Anton Grassalkovich 1760 von Andreas Mayerhofer, wobei eine Mitwirkung von Franz Anton Hillebrandt nicht auszuschließen ist. Grassalkovich kam, dank seiner Verdienste, zu einem großen Vermögen und einer hohen gesellschaftlichen Stellung.

Bewundernswert sind im Palais das prachtvolle, reich mit Skulpturen ausgestattete Treppenhaus, der Spanische Saal und einige Salons (*Bild unten*). Bevor das Palais die Residenz des Staatspräsidenten wurde, diente es anderen Zwecken. Auf dem Platz

vor dem Schloss steht eine Fontäne, genannt Welt – Planet des Friedens von Tibor Bartfay. Im Park hinter dem Palais steht vom gleichen Autor noch eine Fontäne mit badenden Mädchen, benannt Freude am Leben. Im barocken Teil des Parks befindet sich eine Zeitstudie des bekannten Reiterdenkmals der Kaiserin Maria Theresia von Fadrusz, die in der Zeit des Zerfalls der Monarchie zertrümmert wurde.

Nur ein kleines Gässchen (paradoxer Weise „Verbindungsgasse" genannt) trennt diesen Park von einem weiteren Park, der zur gewesenen Erzbischöflichen Sommerresidenz, auch einem barocken Palais, gehört. (*Bild rechts unten*). Heute ist es der Regierungssitz der Slowakischen Republik. Den sich unterhalb des Barockpalais ausdehnenden Platz der Freiheit umschließen auf den weiteren drei Seiten große Gebäude aus

der Nachkriegszeit – die Post, wo bis heute das Ministerium für Verkehr, Post und Telekommunikation seinen Sitz hat. Die weiteren Seiten nehmen interessante Gebäude der Slowakischen Technischen Universität ein. Früher war hier ein großflächiger Platz (die sog. Fürstenallee), der für Militärparaden, politische Versammlungen und später als Rummelplatz genutzt wurde.

Der erzbischöfliche Palast lag zu seiner Zeit „außerhalb" der Stadt und sein Urheber war 1614 der Erzbischof Forgách. Den repräsentativen Charakter erhielt das Gebäude erst durch spätere Umbauten. Die letzten leitete Franz Anton Hillebrandt. Im Untergeschoss hatte zeitweise auch Rafael Donner eine Werkstatt. Die dekorative Freskenmalerei stammt aus dem Jahre 1740 von Antonio Calli Bibiena.

Nach der Rückkehr der Erzbischöfe nach Gran (Esztergom) wurde 1859 in dem Palais ein Krankenhaus eingerichtet, das bis 1939

erhalten blieb. Zwischen 1939 und 1945 diente es dem Ministerium für auswärtige Angelegenheiten. Staatliche Zentralorgane hatten hier ihren Sitz auch nach 1945.

*Oben: Grassalkovich (Präsidenten)-Palais*
*Unten: Erzbischöfliche Sommerresidenz (z.Z. Regierungssitz der Slowakischen Republik)*

# STRÖME VERLANGEN DAS IHRE

## DONAUBRÜCKE MIT PYLONRESTAURANT

**DER REGULIERTE STROM**

Heute können Touristen kaum glauben, dass die Überschwemmungen der Donau bis zum Hviezdoslav-Platz und dem Hauptplatz reichten. Schon im 18. Jh. beschäftigte sich mit der Donauregulierung Samuel Mikovini. Im 19. Jh. befasste sich mit der Donauregulierung der bekannte Bauingenieur Gracioso Enea Lanfranconi (1850–95). Eine globale Regulierung, die schon kurz unter Preßburg beginnt, ist das Donauwerk von Gabčíkovo. (*Bild oben: Die Donau vor dem Stauwerk.*)

*Unten: Blick von Engerau (Petržalka) auf die Altstadt mit der Neuen Brücke und der Donau*

*Auf der gegenüberliegenden Seite: Blick auf Engerau mit der Neuen Brücke (im Vordergrund die Nikolauskirche)*

Bei Schönwetter können Maler und Fotografen in Preßburg von der alten Donaubrücke aus ein herrliches Naturschauspiel einfangen: Den Sonnenuntergang, wie die Sonne langsam im Fluss versinkt und die Silhouette der Pylonbrücke und der Burg sich in den Vordergrund schiebt.

Zur Überwindung der Donau diente vorerst eine Furt, (eine der wenigen am mittleren Lauf des Flusses) dann bekam Preßburg eine Schiffsbrücke und danach eine Holzbrücke. In den 90er Jahren des 19. Jh. entstand die Alte Stahlbrücke, damals Franz-Josefs-Brücke.

Von der 1972 erbauten Neuen Brücke erwartete man die Lösung des Verkehrsproblems der ständig wachsenden Stadt. In den folgenden Jahren kamen noch weitere zwei Brücken hinzu.

Es stellt sich die Frage, ob die Neue Brücke vielleicht an falscher Stelle gebaut wurde? Die Nordrampe spaltet die Stadt eigentlich in zwei Teile.

Die vierspurige Schnellstraße führt direkt in die Stadtmitte und dieses harte Bild kann auch die schöne Aussicht vom Turm der Brücke nicht mildern.

Es wurden viele Debatten für und wider geführt, eine gute Lösung war es nicht. Oder doch? Denn die Planer haben (mit modernen Mitteln), die alten Verhältnisse wieder hergestellt, als die Burg und die Stadt zwei vollkommen getrennte Einheiten waren und die Westfassade des Martinsdomes ohne Vorplatz, den wir heute vermissen, in der Stadtmauer stand. Die Brücke selbst ist ein gelungenes Bauwerk. Sie wird allgemein bewundert und von den Bewohnern Preßburgs inzwischen auch akzeptiert und wohl auch geliebt.

# KORMORANE, DONAU, SCHLÖSSER

## DAS GEBIET DER AUWÄLDER
## UND DIE SCHÜTTINSEL

**LEHNICE**

Hier befand sich der Sitz der weitverzweigten Familie Benyovszky, und wahrscheinlich wohnte hier auch ihr bekanntester Angehöriger – Moritz August (1746–86), der revoltierende und vor Tatkraft sprühende Hochstapler. Später war er in Kolonialdiensten Frankreichs und eine Zeit lang sogar König von Madagaskar. Für einen Umbau bis zur gänzlichen Neugestaltung entschloss man sich Ende des 19. Jh. Das Schloss hatte vier Flügel mit Ecktürmen und eine unübersichtliche Gliederung. Die Bodenreform nach dem ersten Weltkrieg regte 1929 den letzten Besitzer, Rudolf Benyovszky, den berühmten Violinvirtuosen und Komponisten an, sich in der Nähe ein kleineres und billigeres Objekt zur eigenen Erholung errichten zu lassen. Während der Bauarbeiten ließ er einen beträchtlichen Teil des ursprünglichen Schlosses niederreißen und den Rest beließ er als Denkmal. Das neue Objekt ist mit Sgrafittis verziert. In einer der Wandnischen steht die Statue des hl. Antonius. Der letzte Umbau des Schlosses in den Jahren 1929–30 lehnt sich an schottische pseudogotische Vorbilder an.

Fast lautlos landen die Enten auf der scheinbar stehenden Wasserfläche des vom Wald dicht umrandeten Donauarmes. In diesem Geflecht von Flussarmen und Sumpfflächen herrscht Stille, unterbrochen nur durch Vogelgekreisch, Wassergeplätscher und dem Geschrei der Kormorane.

Als sich gegen Ende des Jahres 1984 Naturschützer gegen den Bau eines österreichischen Donaukraftwerkes in Hainburg zur Rettung der Auwälder einsetzten, stellte sich auch in der Slowakei diese Frage.

Es steht fest, dass die Auwälder im slowaki-schungarischen Grenzgebiet zehnmal größer sind, als die bei Hainburg. Leider haben Flussregulierungen, vor allem der Schifffahrt wegen, viele Auwälder zum Austrocknen gebracht, so dass solche Eingriffe in die Natur keine Besonderheit der Slowakei sind.

Erst die moderne Wissenschaft definierte die Bedeutung des Auwaldes. Danach ist er die üppigste Form des mitteleuropäischen Waldes, eigentlich die europäische Form des Urwaldes und die biologisch produktivste ökologische Einheit, vergleichbar mit der Bedeutung des tropischen Regenwaldes. Typisch für die Auwälder sind die Nachbarschaft von Wasser und Wald, ein hoher Pegel des Grundwassers und regelmäßige Überschwemmungen, wonach sich eine Menge verschiedener Nährstoffe absetzt. Die Veränderungen, verursacht durch den wechselnden Wasserstand, führen neben dem Stoffwechsel im Wurzelbereich auch zur Entstehung von kleineren Trockenbereichen sowie Wasserbiotopen. So entstehen hier neben den alten Wasserarmen, Auteiche, Ausümpfe, Aubäche, Ufersandbänke, Schottergewässer und Wiesen. Diesen Naturreichtum nutzen viele Vogelarten im Laufe der Frühlings- und Herbstflüge, sodass das Vorkommen dieser Vögel zwei bis dreimal höher ist als in anderen Gebieten.

Überschwemmungen sind für Auwälder ein Lebenselixier, denn sie sind dadurch direkt mit dem Wasserstand verbunden.

Die Bedürfnisse der Zivilisation und besonders der Bau von Stauanlagen wie Gabčíkovo sind ohne Eingriffe in die Natur kaum möglich. Aber man verfuhr mit den Auwäldern ziemlich rücksichtsvoll. Was die Kormorane betrifft, so ist dies wieder ein anderes Kapitel.

Bisher haben sich die ärgsten Horrorvisionen nicht erfüllt, die Emotionen haben sich gelegt, der Wasserpegel hat sich stabilisiert und gesichert ist auch der neu entstandene Wasserhaushalt.

Das Gebiet zwischen der Donau und Kleinen Donau bildet die Schüttinsel. Ihre Fruchtbarkeit verdankt sie vor allem dem guten Wasserhaushalt. In den letzten Jahrzehnten, noch vor dem Bau von Gabčíkovo, wurden diese Anlagen laufend verbessert.

Auf den Äckern der Schütt gedeihen nicht nur Getreide, sondern auch Melonen, Paprika, Mais und Sonnenblumen.

Romantisch wirken auch die Dörfer dieser Region, wo das reiche Grün der Gärten und Parkanlagen so manches Schloss oder Kastell verbergen.

*Gegenüberliegende Seite:*
*Kleine Donau und Wassermühle*
*in Tomášikovo*

*Oben: Winkel eines Donauarmes*

*Unten: Kastell in Lehnice*

19

# DIE BURG UND DIE DONAU: ANDERE BEWEGGRÜNDE

## THEBEN (DEVÍN) FASZINIERT IMMER WIEDER

### EINE ÜBERWÄLTIGENDE SZENERIE

So unvergesslich der Blick von der Höhe des Thebener Burgkomplexes in die Umbegung bleibt, ist auch der Blick auf das Gebiet der Burg. Deshalb zieht Theben und seine Umgebung besonders viele Touristen und Naturliebhaber an. Besonders beliebt ist der südlichste Ausläufer der Kleinen Karpaten – der Thebener Kogel (Devínska Kobyla, 514 m), von dem die Burg sich sehr schön in das Bild schiebt. Der Burghügel ist auch ein Naturschutzgebiet mit vielen seltenen Gewächsen und Tierarten. Interesse weckt auch der südliche Hang des Thebener Kogels, Sandberg genannt, eine Lokalität mit Funden von Fossilien aus der Tertiärzeit.

Die Gemeinde Theben und besonders ihr Burgareal sind während des ganzen Jahres ein beliebtes Besuchsziel. An manchen Feiertagen hat dieser Ort sogar ein festliches Gepräge. Die dann abgehaltenen Festivitäten haben Nationalcharakter, bestimmt durch die Erinnerung an die großmährische Vergangenheit. Wachgerufen wurde diese Tradition von Ľ. Štúr und seinen Anhängern, die 1836 auf der Burg zur Bildung des slowakischen Nationalbewußtseins beitrugen. Als eine Episode betrachtet man die Milleniumsfeierlichkeiten zur Ankunft der Madjaren: 1896 stellten die Ungarn auf dem Burgfelsen eine hohe „Arpadsäule" auf. Den Deutschen gelang es die „historisch untermauerten Anrechte" auf dieses Gebiet durchzusetzen, sodass The-

ben, jedoch nur für die Zeit von 1938–45, Teil des Dritten Reiches wurde. Das ungarische Denkmal wurde nach dem ersten Weltkrieg abgerissen, als der erste Staat der Tschechen und Slowaken entstand. In der ersten Republik führte man Teilforschungen durch, die erst nach dem Zweiten Weltkrieg größerem Umfang fortgesetzt wurden und die nicht wenige interessante Fakten aufdeckten. Jedenfalls bestätigten sie die slawische Vergangenheit von Theben.

Das Burgareal auf dem steilen Felsen, unmittelbar am Zusammenfluss von Donau und March, auf deren rechten österreichischen Uferseite das geschichtsträchtige Marchfeld liegt, hat eine beneidenswerte Lage. Hier stoßen die Alpen und Karpaten aufeinander und hier verlief eine altertümliche Straße, dank der man heute von dieser Stelle als dem Thebener Tor spricht. Schon in der jün-

geren Steinzeit lebten hier Menschen. Man stieß hier auf keltische und römische Funde, sowie solche der slawischen Besiedlungen (seit dem 6. Jh.). Später befand sich hier eine Grenzfestung des frühmadjarischen Feudalstaates und seit dem Mittelalter wechselten hier die Eigentümer. Zuletzt waren es die Pálffys, die ihren Besitz an die Tschechoslowakische Republik verloren. 1946 wurde die Gemeinde Theben an Preßburg angegliedert. Trotzdem behielt sie auch weiterhin ihr ländliches Gepräge. In sehr gutem Zustand ist (dank der Rekonstruktion) das gotisch gestaltete Mährische Tor.

Romantisch wirkt der sog. Jungfernturm (*siehe Bild*), eine isolierte polygonale Bastion auf hohem Felsen. Und wie es bei solchen Bauwerken meist ist, überlieferte sich auch hier eine Sage, die von der eingekerkerten Jungfrau...

### MARIATAL (MARIANKA)

Diese Gemeinde ist, ähnlich wie Theben, ein viel besuchter Ort und ein beliebtes Ausflugsziel in den Kleinen Karpaten. Außerdem ist er einer der populärsten Wallfahrtsorte der Slowakei. Der Ursprung des örtlichen marianischen Kultes ist eine Quelle, wo um das Jahr 1300 eine Marienstatue gefunden wurde. Mit dem Kult verbindet sich auch ein Kreuzweg. Vor der Kapelle des hl. Brunnens stehen Kopien von R. Donners Statuen des hl. Anton des Einsiedlers und des hl. Paul des Eremiten (*Bild oben*). In der Nähe befindet sich die Kirche Maria Geburt mit der verehrten Statue (*kleineres Bild oben*).

# MONUMENTALE WALLFAHRTS-KIRCHE UND KLOSTER

## SCHOSSBERG (ŠAŠTÍN-STRÁŽE)

**DAS INNERE DER SCHOSSBERG-KIRCHE**

Die berühmte Schossberg-Pieta erfreut sich großen Interesses der Besucher. Bewunderung verdienen auch andere Werke. An der Wand, in der Nähe der Sakristei, hängt ein Relief der Schossberger Jungfrau Maria, das 1938 Alois Rigele geschaffen hat. Oft bleibt der schöne Kontrast, den dieses neuzeitliche Werk mit der übrigen barocken Einrichtung bildet, unbeachtet.

Der zweiteilige slowakische Name der Gemeinde weist darauf hin, dass sie durch Zusammenschluss zweier Orte – Šaštín und Stráže – entstand. Die Schossberger Burg (Šaštínsky hrad) war in der Vergangenheit einer der Burgkomplexe im ungarischen Grenzgebiet, gelegen am sog. Böhmischen Weg. Die Stadt entwickelte sich vorteilhaft und wurde im 16. Jh. zum Wallfahrtsort. Eine günstige Basis fand hier der Paulanerorden. Die Bedeutung der Stadt wuchs, besonders nachdem die Herrscherfamilie hier Besitz erwarb. Franz von Lothringen (Gatte Maria Theresias) gründete hier eine große Webereimanufaktur. Als der Paulanerorden 1786 durch Josef II. aufgelöst wurde (nach nur 50 Jahre in Schossberg), stand von dem Kloster nur ein Teil des Südflügels, also nicht einmal die Hälfte. Die Kirche war jedoch beinahe fertig. Zwar hatte sie noch nicht die Türme, sie kamen 80 Jahre später dazu. Die Kirche ist ein großer Barockbau, der aber so nicht geplant war. Ursprünglich sollte ein großer Zentralbau in Form des griechischen Kreuzes mit einer großen Kuppel entstehen, unter der die Pieta aus dem Jahre 1564 angebracht werden sollte, dank derer Schossberg zum Wallfahrtsort wurde. Den Erbauern fehlte wohl der Mut zur Realisierung des ursprünglichen Projektes, nach dem die Kirche zwischen zwei gleichen Blöcken des Klosterkomplexes stehen und jeder einen eigenen Innenhof besitzen sollte. Auch die Anbindung der Klosterbauten war unge-

### SKALITZ (SKALICA)

Die noch vorhandenen Mauerreste zeugen von der einstigen Stadtbefestigung. Zwei große Brände vernichteten einen großen Häuserbestand und auch die hiesige Michaelskirche. Diese bekam danach etliche Anbauten. Das wertvollste Skalitzer Baudenkmal ist die romanische Georgsrotunde aus dem 13. Jh., die in die Stadtmauer eingefügt wurde. Im 17. Jh. bekam sie eine barocke Laterne.

### WEIßKIRCHEN (HOLÍČ)

Das dreiflügelige theresianische Schloss im barock-klassizistischen Stil wurde auf den Resten der Wasserburg und der späteren Renaissancefestung erbaut (Teile davon sind noch erhalten). Aufmerksamkeit verdient der chinesische Saal und technisch interessant ist die Konstruktion des teilweise selbsttragenden Treppenlaufes. Im Sommer hielt sich hier Maria Theresia oft auf.

wöhnlich anspruchsvoll. Schließlich wurde nun ein Langhaus realisiert, das dann von einem Kapellenkranz umgeben wurde. Auf den großen Altar, errichtet 1764 von Franz Anton Hillebrandt, stellte man die Pieta, die zwei Plastiken ergänzten: Maria Magdalena und Johannes. Jean Joseph Schamant schuf die den Raum bedeutend erweiternden illusionistischen Fresken. Einige der Altarbilder stammen von dem großen Maler Johann Lukas Kracker.

*Zentralbild: Monumentaler Kirchenbau in Schossberg*

*Oben: Rotunde in Skalitz*

*Unten: Windmühle in Weißkirchen*

# DAS FUGGERSCHE LAGERHAUS

## DIE BIBERSBURG (ČERVENÝ KAMEŇ)

**PUDMERITZ (BUDMERICE)**

Auch dieses schöne romantische Schloss mit einem englischen Park war im Besitz der Familie Pálffy und erinnert an die französischen Loireschlösser. Eine der wenigen slowakischen Bauten, wo der historisierende Eklektismus verwirklicht wurde. Selbst kleinste Details wurden mit einbezogen (z.B. die Schornsteine). Nach 1945, nach der Enteignung, wurde das Schloss zur Arbeits- und Tagungsstätte des Slowakischen Schriftstellerverbandes.

Als die Burg von Anton Fugger 1535, auf dem Weg einer Schuldentilgung von A. Thurso, übernommen wurde, stand schon seit mehr als 300 Jahren auf diesem terrassenartigen Sporn – ein Ausläufer der Kleinen Karpaten (Malé Karpaty) – eine befestigte Anlage.

Um die Entstehung der Burg herrschen viele Unklarheiten. War es ein Brautgeschenk für Constanze – Tochter Belas III., Schwester von Andreas II. – anlässlich ihrer Hochzeit mit Přemysl Otakar I.? Diesbezüglich gibt es mehrere Vermutungen. Sicher jedenfalls ist, dass es sich um eine gotische Festung handelte.

Schon mehr weiß man über Umgestaltungen der ursprünglichen Burg zu einer perfekten Festung von Anton Fugger, der sich dazu den vielseitigen Albrecht Dürer holte. Die Türkengefahr verlangte nach einem besonders guten Schutz und so konnten, innerhalb der vier Trakte eingerahmt durch vier auffällige Rund-Basteien mit Schießscharten, ein ausgedehntes Lager für den Warenumschlag und darunter ein dreigeschossiger Weinkeller entstehen. Sie wurden jedoch kaum genutzt, denn schon in den 80 er Jahren des 16. Jahrhunderts kam die Burg durch die Heirat der Maria Fugger mit Nikolaus Pálffy (des Gespans von Preßburg) in dessen Besitz.

So wurden die Pálffys Erben dieses grandiosen Baukolosses – teilweise Schloss und teilweise Festung. Schon Nikolaus Pálffy hatte andere Pläne mit der Festung. Im Unter-

schied zu den vorigen Eigentümern waren auch seine Interessen andere und so ließ er die Burg zu einem Renaissanceschloss umbauen, wobei er die Lagerräume (die er nicht benötigte) in deren Zustand beließ. Obwohl es um einen prunkvollen Adelssitz ging, behielt der Bau seinen ursprünglichen Festungscharakter. Das unterstreichen noch die typischen Ecktürme.

Nach dem Brand von 1646 bekamen die Räumlichkeiten des Schlosses eine luxuriöse Inneneinrichtung. Daran beteiligten sich namhafte Bildhauer und andere Künstler jener Zeit. Besonders die schöne Salla terena, mit ihren frisch wirkenden Fresken und Stuckarbeiten, war der Stolz des Schlosses. Auch nach weiteren Bränden wurde das Objekt immer wieder restauriert – nicht jedoch nach dem verheerenden Brand im Jahre 1785. Dieser erfasste den Eingangsflügel, der erst nach der Enteignung (1945) erneuert wurde, als man die Burg zu einem Museum umgestaltete. *Auf dem oberen Bild* ist ein Empiresalon aus dem 19. Jh.

Außer dem Museum ist auch die Bildergalerie zu besichtigen (das größte Interesse genießen die Porträts von Maria Theresia, Franz von Lothringen und den Angehörigen der Pálffy-Familie). Eine Attraktion sind auch die weitläufigen Lagerräume und andere Einzelheiten, die mit der Fuggerschen Befestigung im Zusammenhang stehen. Interessant ist auch die historische Apotheke „Goldener Adler" (Zlatý orol).

### SMOLENITZ (SMOLENICE)

Abermals ein Schloss, dessen Vorgänger die wichtigste Handelsstraße „Via Bohemica" bewachte und das nach einer mehr als wechselvollen Geschichte 1777 in den Besitz der Familie Pálffy gelangte. Der Bau der heutigen Anlage erfolgte auf den Trümmern der Vorgänger. Der letzte Besitzer Josef Pálffy wollte sich hier einen Herrschaftssitz errichten, aber finanzielle Schwierigkeiten verhinderten die Fertigstellung. Der Eingangsbereich entstand lange nach 1945 (Enteignung), in den Jahren 1971–73. Erbaut ist das Schloss im historisierenden Stil, durchsetzt mit neoromantischen und neogotischen Elementen. Der Bau harmonisiert ungewöhnlich mit der umliegenden Landschaft. Heute dient er als Tagungsstätte der Akademie der Wissenschaften.

# AUF DEN SPUREN DER WESTSLOWAKISCHEN WEINE

## AM FUSSE DER KLEINEN KARPATEN

**MATHIAS BEL ÜBER DEN WEIN VON SANKT GEORGEN**

„Wie vielfältig die Lage der Sankt Georgener Weingärten ist, so verschiedenartig ist deren Erde. Wir finden hier nämlich Weingärten teilweise auf schwarzem Boden, der für die Rebe der vorteilhafteste ist, aber auch auf ganz harter Steinerde, vermischt mit gelblich weißem Sand. Außer einem guten Boden haben die Sankt Georgener Weingärten auch günstige Witterungsbedingungen. Mutter Natur hat diese Gegend wie es scheint mit besonderen Vorteilen ausgestattet, vor allem mit der nördlich liegenden Bergkette und den Ort umgebenden Wäldern."

*Ganzseitiges Bild: Eine Aufnahme vom Hauptaltar der Kirche in St. Georgen (Georgs Kampf mit Drachen)*

*Auf gegenüberliegender Seite: Röm.-kath. Kirche des hl. Stefan des Königs in Modern*

*Unten: Eingangstor in Modern, Teil der früheren Stadtbefestigung*

Die Preßburger Weingärten sollen die größten, die Sankt Georgener die besten, die Bösinger die prächtigsten und die Moderner die ergiebigsten gewesen sein. So lautet zumindest ein altes Sprichwort, belegt auch im Werk des Mathias Bel.

Es gibt jedoch wenigstens dreimal so viele Gemeinden – darunter das bekannte Limbach, in denen guter Wein gedeiht. Aber alle die im Sprichwort erwähnten mittelalterlichen Städte genossen die Privilegien freier königlicher Städte. Entlang der Kleinen Karpaten (Malé Karpaty) verläuft die Weinstraße der Kleinen Karpaten. Eigentlich sollte eine Slowakische Weinstraße eingerichtet werden, die sämtliche anderen Weinanbaugebiete mit denjenigen der Kleinen Karpaten verbindet. Außer diesen gibt es weitere Regionen, z.B. so berühmte, wie die des Tokajers in den Sempliner Bergen (Zemplínske vrchy). Als eine zusammenhängende Weingegend kann man eigentlich den gesamten klimatisch günstigen südlichen Landstrich der Slowakei betrachten, von den Kleinen Karpaten im Westen bis zur Stadt Kráľovský Chlmec im Osten. Diese „Straße" wäre eine besondere Attraktion für Liebhaber sowie Kenner, jedoch auch für trinkfeste Reisende.

Aber richten wir doch unser Augenmerk auf die wichtigsten Weinzentren der Kleinen Karpaten.

Sankt Georgen (Svätý Jur) wurde im Jahre 1646 zur königlichen Freistadt erhoben und herrschte einst über 21 Orte seiner Umgebung. Am Rand des Zentrums stehen typische, mit hohen Kellern ausgestattete Weingärtnerhäuser und die bedeutende röm.-kath. Georgskirche, ein frühgotischer Bau mit einem beachtlichen, vermutlich aus Österreich stammenden, aus Kalkstein geschlagenen Renaissancealtar vom Beginn des 16. Jh. Im Schrein des Altars befindet sich ein großes Relief, das den Kampf Georgs mit dem Drachen zeigt (*Bild links*). Ein Gegenstück dazu bildet das kleinere, aber schöne Holzrelief des Marientodes etwa aus dem Jahre 1510.

Bösing (Pezinok) war ursprünglich eine Bergbaustadt, deren Goldbergbau jedoch im 18. Jh. erlosch. 1647 wurde sie königliche Freistadt. Mittelpunkt Bösings ist der rechteckige Marktplatz, wo auch die sog. Untere Kirche steht, gebaut um 1657 von

## SCHOOR (ŠÚR)

Ist ein, in der Welt einmaliger, sumpfig morastiger, mit Lichtungen durchsetzter Erlenwald, der zu Sankt Georgen gehört. Versuche, diesen Naturreichtum zu nutzen, gab es schon im 19. Jh. 1941 erfolgten weitere Eingriffe. Und das ganze 20. Jh. war kaum großzügiger zu dieser Gegend. Erst viel später setzte sich der Schutz der einzigartigen Flora und Fauna durch.

den Lutheranern, die sie aber bald abgeben mussten. Es ist ein Saalbau mit umlaufender Empore, im 18. Jh. barockisiert. 1783 durften die Evangelischen wieder eine Kirche bauen, die in der Nähe des Marktplatzes steht, die aber den Vorschriften zufolge eher einem Wohnhaus gleicht. Im 19. Jh. erhielt die Kirche einen Turm.

Modern (Modra) wurde bereits 1607 königliche Freistadt und erhielt zwischen 1826–34 das charakteristische Paar der evangelischen Kirchen, der „slowakischen" und der „deutschen". Modern wurde auch durch ihre typische Majolika berühmt.

# HÖHEPUNKT
# DER BAROCKKUNST

## TYRNAU (TRNAVA) – DAS „SLOWAKISCHE ROM"

**UNTERKRUPA
(DOLNÁ KRUPÁ)**

Bei der Erwähnung dieses schönen Schlosses geschieht dies immer im Zusammenhang mit der Persönlichkeit von Ludwig van Beethoven. Weniger mit der Familie Chotek und kaum noch im Zusammenhang mit der „Rosengräfin", Maria Henriette Chotek, obzwar gerade diese Persönlichkeiten den toten Mauern des Schlosses Leben einhauchten. Das Schloss wurde 1793–95 nach Plänen von Johann Hausmann für den begüterten Grafen Josef Brunswick errichtet. Hinter den strengen klassizistischen, schön gegliederten Fassaden verbergen sich teilweise sehr schön ausgestaltete Räume, die heute vor allem musealen Zwecken dienen. Umgeben ist das Schloss von einem weitläufigen schönen Park, entworfen von Heinrich Neblien aus Lübeck. Im benachbarten Gartenpavillon – dem sog. Beethovenhaus, wohnte der Komponist als Gast Josef Brunswicks (1800, 1801 und wahrscheinlich 1806 und 1810). Er unterrichtete dessen Nichten Josefine und Therese; keine von beiden war jedoch Beethovens Schicksalsliebe.

Ein indifferenter Betrachter könnte sich nach Italien versetzt fühlen – diese ausgewogenen Proportionen, die Zuordnung architektonischer Elemente und die meisterhafte Mischung von Spätrenaissance und Frühbarock. Als Dominante der Stadt fesselt die römisch-katholische Pfarrkirche des hl. Nikolaus aus dem 14. Jahrhundert (*Bild links*).

Ein vollkommenes Werk ist der Bau der Tyrnauer Universitätsbasilika des hl. Johannes des Täufers (*Bild rechts*), gebaut von den Brüdern Spazzo Antonio (Projekt) und Pietro (Realisierung). Diese Kirche gehört zu den größten in der Slowakei und wahrscheinlich ließen sich die Autoren von der Basilika „Il Gesù" in Rom inspirieren. Deshalb und im Interesse der nachfolgenden Arbeiten verlängerten die Brüder ihren Aufenthalt in Tyrnau – Antonio auf acht und Pietro sogar auf dreißig Jahre.

Die zweitürmige Westfassade ist durch kräftige Gesimse in Stockwerke geteilt, in denen Fenster und Nischen verschiedenster Form eingebaut sind. Die Kirche dominiert die benachbarten Bauten der ehemaligen Universität, an deren Planung bekannte Architekten beteiligt waren.

Das Innere, mit den an beiden Längsseiten angeordneten Kapellen mit dem Schiff und dem Presbyterium, sowie der Malerei mit dem Stuck und dem Schnitzwerk ist einmalig. Sie stammen von Künstlern wie Giacomo Tornini und Christian Knerr. Architektonisch einmalig ist der wertvolle Hauptaltar des Johannes des Täufers, angefertigt in den Jahren 1637–40. Das Zentralbild zeigt die Taufe Christi, außerdem sind hier noch weitere vier Bilder und 27 Skulpturen. Alle diese Kunstwerke stammen von großen Könnern und namhaften Künstlern, wie Balthasar Knilling und Veit Stadler.

Dass Tyrnau oft als „Slowakisches Rom" betrachtet wird, hängt mit den Türkenkriegen zusammen; damals erfuhr Tyrnau einen großen Aufschwung, da 1541 das Erzbistum von Gran hierher verlegt wurde. Das beeinflusste unbestritten auch den Entschluss, im Jahr 1978 Tyrnau zum Sitz des Erzbischofs zu bestimmen.

## DIE ROSENGRÄFIN

Wer war Maria Henriette? Sie war die Urenkelin von Josef Brunswick und früh verwitwet musste sie 1945 im Alter von 82 Jahren die Bitternis der Enteignung durchmachen, die sie nur um ein Jahr überlebte. Ihre größte Liebe waren die auf großer Fläche gezüchteten Rosensorten, die nach ihrem Tode vernachlässigt wurden und verwilderten. Heute sind die „Rosen der Gräfin" wieder in den Blumenhandlungen zu erhalten, aber leider nur in Bayern.

*Auf der linken Seite: Röm.-kath. Pfarrkirche des hl. Nikolaus in Tyrnau*

*Links am Rand: Schloss in Unterkrupa*

*Oben: Die Universitätsbasilika des hl. Johannes des Täufers in Tyrnau*

*Unten: Pestsäule der hl. Dreifaltigkeit und der Stadtturm*

# DIE ROMANISCHE SCHÜTTINSEL

## HAMULIAKOVO, SOMMEREIN (ŠAMORÍN), LOIPERSDORF (ŠTVRTOK NA OSTROVE)

### KRÁĽOVIČOVE KRAČANY

In diesem abgelegenen Ort, der aus mehreren Siedlungseinheiten besteht, befindet sich ein sehr schönes, 1830 errichtetes klassizistisches Schloss. Seine Hauptfassade schmückt ein vortretender Portikus, der einen Balkon überdacht und auf einer durch Arkaden gebildeten Durchfahrt steht.

### ROHOVCE

Das Schloss wurde im Stil der Renaissance errichtet und später barock und klassizistisch umgebaut. Es hat einen sehr schönen Arkadenhof und die Westfassade fällt durch einen auf vier toskanischen Säulen ruhenden Balkon auf, hinter dem ein Risalit, abgeschlossen durch einen Tympanon, hervortritt.
Rohovce kann auch mit einer historisch wertvollen katholischen Kirche aufwarten. Ursprünglich war es ein romanischer Bau aus dem 13. Jh., der vom 17. bis zum 19. Jh. umgebaut wurde.

In der Nähe des Gabčíkovo-Staudammes, ursprünglich am Ufer des breiten Donauarmes, liegt der kleine Ort Hamuliakovo, bekannt geworden schon früher wegen der Donau und der dortigen Wassermühlen. Heute ist es als Naturbad mit Sandstrand begehrt. Im kunstwissenschaftlichen Bereich ist die hiesige romanische Kirche ein Begriff und Ihre Bedeutung wuchs noch rach der Entdeckung von gotischen Wandmalereien, die 1978–81 freigelegt und restauriert wurden.

Diese frühgotischen Wandmalereien sind schlecht sichtbar und weit entfernt von einer plastischen Modellierung, die später durch Farbunterschiede oder durch verschiedene Farbintensität erreicht wurde. In der röm.-kath. Kirche von Hamuliakovo gibt es hervorragende Szenen wie Christus mit den Symbolen der Evangelisten, ergänzt durch

Sonne, Mond und Sterne, ferner die Apostel und Begebenheiten aus dem Leben einiger Heiligen, wie auch die Darstellung einer Messe, die der Bischof, nach alter Liturgie, noch mit dem Rücken zur Gemeinde zelebriert. In der reformierten Kirche von Sommerein befinden sich schöne und wertvolle gotische Wandmalereien, die von zwei verschiedenen Malern stammen, wovon zwei Zyklen besonders beachtenswert sind: ein christologischer und ein mariologischer. Der schlichte romanische Bau von Hamuliakovo entstand in der Mitte des 13. Jh., überwölbt ist nur das Presbyterium. Der Turm neigte sich im Laufe der Zeit zur Seite, da er auf einem unebenen Fundament steht.

In Sommerein entstand die damals katholische Kirche im spätromanischen Stil im letzten Drittel des 13. Jh. Nach etwa 100 Jahren wurde ein zusätzliches Schiff angebaut. Später folgten weitere Umbauten und

Einwölbungen, die Hans Puchsbaum (so wird vermutet) hier ausprobierte, bevor er sie im Preßburger Martinsdom und im Stephansdom in Wien anwandte.

*Zentralbild: Fresken im Inneren der Sommereiner Kirche (Szene: Verkündigung des Erzengels)*

*Oben: Ähnlich wie die Sommereiner Kirche hat auch Loipersdorf eine zweitürmige romanische Kirche mit Wandmalereien*

*Unten: Innenraum der Kirche in Hamuliakovo – Hauptaltar und Wandmalereien*

# „NEC ARTE, NEC MARTE"

## KOMORN (KOMÁRNO): BEFESTIGT UND TROTZDEM WELTOFFEN

**IŽA**

Östlich von Komorn liegt der Ort Iža – ein archäologisches Paradies. Dokumentiert sind Funde seit der Eisenzeit bis in die Zeit der Römer. Reste eines römischen Militärlagers sind heute noch am anderen Donauufer markant sichtbar. Es nahm eine Fläche von 175 x 175 m ein, wobei die Befestigung 20 Türme und 4 Tore hatte. Östlich des Lagers befand sich die Handelssiedlung Kelemantia. Die Siedlung wie auch die Befestigung verfielen vom 4. zum 5. Jh.

„Weder mit List noch Kraft" – also auf keine Art und Weise ist es je gelungen, die Festung von Komorn zu überwinden. Eine Inschrift, die auf einer Bastei der Festung von Komorn steht. Diese in Europa in vieler Hinsicht einmalige Anlage ist die einzige der Slowakei, die weder eingenommen, geschleift oder zerstört werden konnte. Bestimmt wurde die Lage der Festung von dem strategischen Punkt am Zusammenfluss der Donau und der Waag (Váh) sowie durch die Kreuzung der Handelsstraßen auf dem Platz einer alten Burg aus dem 13. Jh. Im 16. Jh., zur Zeit der Türkenkriege, wurde unter Ferdinand I. ein Umbau der Burg in eine Festung durchgeführt. Die „Alte Festung" wurde unter Leopold I. erweitert und es entstand die „Neue Festung". Die neue Festung war mit der alten

Festung durch eine Brücke über den trennenden Wassergraben, der die Donau mit der Waag verband, zu einer Einheit zusammengeschlossen. Und so entstand ein von der Natur unterstützter Baukomplex (*Bild rechts oben*). Während der napoleonischen Kriege wurde die Festung weiter zu einem mächtigen Befestigungssystem, in Form eines großen Halbkreises ausgebaut. Es wurden 10 Bastionen errichtet, von denen heute noch 6 sehr gut erhalten sind.

Die Komorner Festung war so der stärkste Fortifikationsbau der österreichisch-ungarischen Monarchie. Gebaut wurde sie für 2000 Mann und die Kommunikationswege, die Schießgalerie, sowie die weiteren Verbindungswege erreichen eine Länge von mehreren Kilometern. Im vorigen Jahrhundert verlor die Festung die Aufgabe der

Verteidigung. Sie veraltete und verfiel teilweise. Eine bedeutende Rolle spielte sie noch in den Revolutionsjahren 1848–49, als die kaiserlichen Truppen versuchten, die Festung einzunehmen. Die Verteidigung führte General György Klapka (der heute ein Denkmal vor dem Rathaus hat). Die letzten Verbesserungen an dem Festungskomplex wurden in den Jahren 1918–19 und 1938–39 durchgeführt.

Die Verbindung zwischen der Stadt und ihren Befestigungen ist in Komorn eine Selbstverständlichkeit. Auch die moderne Architektur beginnt sich ihr anzupassen. Die unterirdischen Räumlichkeiten dienen verschiedenen Zwecken: als Museum, aber auch wirtschaftlich werden sie genutzt. Die Verbindung zur Stadt stellt der heutige Park (früher Schussfeld der Festung) her. Daneben steht das neugotische ehemalige Offizierskasino von 1858–63. Für die Festungsbesatzung wurde 1768 im Stadtzentrum die Militärkirche errichtet (ursprünglich Kirche des Franziskanerklosters, die während des Erdbebens 1763 fast völlig zerstört wurde). Der historische Kern der Stadt (*Bild links und darüber*) bekam in der Gegenwart ein modernes Aussehen, wie z.B. der neuerrichtete „Europahof".

33

# „SURGE ET AMBULA"
# (STEH' AUF UND GEH')

## DAS WELTBERÜHMTE BAD VON PISTYAN
## (PIEŠŤANY)

**DUCOVÉ**

Dank gründlicher archäologischer Forschungen gelang es in Ducové eine großmährische Rotunde aufzudecken.

**DIE VENUS VON MORAVANY AN DER WAAG (MORAVANY NAD VÁHOM)**

Dieser Ort liegt in der Nähe von Pistyan, bekannt durch sein typisches Renaissanceschloss. Im Gebiet der Gemeinde deuten zahlreiche Funde auf Siedlungen in ferner Vergangenheit hin. Der wertvolle Fund, die „Venus von Moravany", ist aus einem Mammutzahn geschnitzt und eine fast erotisch wirkende Frauengestalt, die in die Zeit ca. 23.000 v.Ch. datiert wird. Sie ist Bestandteil der ständigen Ausstellung „Juwelen einstiger Zeiten" auf der Preßburger Burg.

Noch bevor das Bad hier entstand – und weltberühmt wurde – wusste man bereits von der heilsamen Wirkung des Wassers und des Schlammes.

Auf Empfehlung seines Gastgebers Josef Brunswick aus Unterkrupa (Dolná Krupá) besuchte auch Ludwig van Beethoven das 30 km entfernte Pistyaner Bad. Das war im Jahre 1801 oder 1806 (auf der Gedenktafel ist irrtümlich das Jahr 1802 angeführt). Der große Komponist hoffte auf eine Linderung seiner rheumatischen Beschwerden, war jedoch von anderen Bädern an bessere Dienstleistungen gewohnt – hier fand er auf der Badeinsel nur ausgehobene Moorgruben, die sich schnell mit Thermalwasser füllten. Auch die Unterkunftsmöglichkeiten waren eher bescheiden. Aber dass der Aufenthalt in Pistyan vielen geholfen hat, war allgemein bekannt. Diese Lokalität kannten bereits die

Römer und Quaden. Intensiver begann man sie erst im 16. Jh. zu nutzen.

Die Verhältnisse besserten sich zu Beginn des 18. Jh., als das Bad in den Besitz der Erdödys kam. Sie bauten 1820 das erste massive Badehaus und legten einen Park an. Allmählich verbesserten sich auch die Unterkunftsmöglichkeiten sowie die Dienstleistungen, die aber vor allem mit einer vornehmen Klientel rechneten.

Die Erdödys verpachteten 1889 die Anlagen an Alexander Winter, der das sehr provinzielle Bad durch bauliche Verbesserungen umgestaltete und so zum Anziehungspunkt für den Adel machte. Er kümmerte sich aber auch um die minderbemittelten Patienten. Als Erster gründete er (gemeinsam mit dem Arzt Eduard Weiss) ein öffentliches balneotherapeutisches Bad – lange, bevor die allgemeine Krankenversicherungspflicht eingeführt wurde. Ludwig und Emmerich Winter über-

wanden noch weitere Hürden und das Bad erlange zunehmend Weltruf. Dazu trug auch ein anspruchsvolles Kulturprogramm bei und die Zahl der Gäste wuchs ständig. Nach dem Krieg begann ein echter Aufschwung des Bades. Diesen Ruhm verdankt das Bad den Thermalquellen und dem Schlamm.

Zu den interessanten Bauwerken gehört auch die 1930 erbaute Kolonnadenbrücke und die überlebensgroße Plastik des „Krückenbrechers" von Robert Kühmayer. Einer ständigen Konjunktur erfreut sich das bestens ausgestattete Kurhaus Thermia Palace (1910) und das sog. Napoleon-Bad, errichtet zwischen 1830–50. Natürlich wird auch das Neue Bad sehr besucht, errichtet wurde es im letzten halben Jahrhundert.

*Links:* Hotel Thermia-Palace

*Oben:* Napoleonische Bäder

*Unten:* Splendid-Hotel

## SCHÄCHTITZ (ČACHTICE), BECKOV, BRUNOVCE

**DIE FESTUNG VON BECKOV**

Eine romantisch wirkende Burg, zu dem die Geschichte des Stibor aus Stiborice sehr gut passt, wurde an Stelle einer Festung des jungen ungarischen Staates aufgebaut, eigentlich war es ein kleines Komitat an der Grenze. Die Burg hatte einen Vorbau und zwei Paläste. Die Umbauten ließ im 13. Jahrhundert Mathias Csák durchführen: Auf der oberen Burg baute er einen viereckigen Zufluchtsturm.

Nachbarn? Nun ja, aber nur im gewissen Sinn, da es keine gemeinsame Familie ist, die zusammenhält – sie entwickelten sich über Jahrhunderte ohne gegenseitige Verbindung. Die Rede ist also nur über die geografische Lage und die Bauten, bzw. darüber womit sie uns heute ansprechen.

### Die blutige Herrin von Schächtitz

Die Gemahlin des Grafen Ferenc Nádasdy – Elisabeth (1560–1614, geb. Báthory, Nichte des polnischen Königs) ist als Sadistin in die Geschichte eingegangen: Aus sexuell-pathologischen Beweggründen ließ sie angeblich 80 junge Mädchen ermorden. Dass sie in ihrem Blut badete, wonach ihre Haut angeblich jünger und schöner wurde, ist ein Gerücht, das durch den Roman László Turoczis und später auch Jozef Nižňánskys populär gemacht wurde. Mit den Verbrechen hängt auch ein einmaliger Justizskandal zusammen; als die Helfershelfer der Gräfin verurteilt wurden, kam sie selbst nie vor ein ordentliches Gericht. Sie war nur lebenslänglich im Burgkeller gefangen (die Mauern auf dem *mittleren Bild*). Auch die Vorwürfe von König Mathias halfen nichts.

Als 1982 ein Teil der Mauer abstürzte, wodurch der Zugangsweg versperrt wurde, fanden die Leute sofort den Schuldigen – den spukenden Geist der blutigen Gräfin...

### Die Geschichte von Beckov

Während es über die Ereignisse von Schächtitz auch Belege gibt (Gerichtsdokumentation, usw.), sind die mit der Gründung der Burg Beckov verbundenen Fakten mit Geheimnissen umhüllt, die mit vielerlei Sagen verwoben sind; eigentlich sind sie nicht mehr festzustellen. Schon die Gründung um 1200 erfolgte angeblich auf Wunsch des Hofnarren Stibor. Dieser Name ist tatsächlich mit der Burg verbunden, jedoch erst am

Ende des 14. Jahrhunderts. 1388 (jedoch eher 1410) erhielt sie ein gewisser Stibor aus Stiborice von König Sigismund. Dieser hat sie dann emporgebracht. Für die Stadt erwirkte er das Tyrnauer Recht und umschloss sie mit Mauern. Es blieb jedoch eine Untertanenstadt und war von der Burg ab-

hängig. Um die Baukosten und sein feudales Leben zu finanzieren, ließ er im Tal der Waag eine Mauer bauen und hob eine Maut von Durchreisenden ein.

### Renaissancelinie in Brunovce

Das schöne Schloss in der Waagebene ist mit keinerlei schreckensvoller Fama verbunden. Das Schloss in Brunovce (*Bild rechts*) steht in einem englischen Garten. Erbaut wurde es 1695–97 im Renaissancestil. Zwiebelförmige Kuppeln von vier Türmen, das Fehlen des ursprünglich existierenden vierten Flügels und die Doppellinie der Attika mit Zinne sind Überreste der späteren Barockisierung. Das Schloss war Sitz der Familie Walterskirchen. Die neuzeitliche praktische Nutzung war dem Schloss nicht sehr zuträglich.

### TEMATÍN

Im Inowetzgebirge ist eine weitere bemerkenswerte Ruine zu bewundern. Es handelt sich um eine ehemalige, zur inneren Linie gehörende Verteidigungsburg aus dem 13. Jahrhundert. In der Mitte des 15. Jahrhunderts entstand auf den Fundamenten ein gotischer Palast, der noch im 17. Jahrhundert umgebaut wurde. Nach der Unterdrückung des Rákoczi-Aufstandes wurde sie 1710 von der Ständearmee geschleift.

# AUF ÄLTESTEM CHRISTLICHEN BODEN

## DIE KATHEDRALE VON NEUTRA (NITRA)

**PARK IN NITRIANSKE HRNČIAROVCE**

Für Liebhaber von ausgelassenen Feiern war es ein Bonbon. Der eindrucksvolle Park von Nitrianske Hrnčiarovce befindet sich in einem hübschen Hügelland, nahe von Weingärten und alten Häusern. Die Orte Dolná und Horná Malanta sind schon länger Teil von Hrnčiarovce, auf der entgegengesetzten Seite der Straße steht ein schönes Schloss (*Bild*).

**PRIBINAPLATZ**

Vom Markt von Neutra aus gibt es einen faszinierenden Blick auf den historischen und modernen Teil der Stadt. Das Gebäude des Großen Seminars hat zwei Gesichter: Das barocke und das klassizistische, jedes einem anderen Stadtteil zugewandt. Auch andere Gebäude sind eine Zierde des Zentrums, darunter das Haus von Bischof Kluch mit einem Atlanten, bekannt als Corgoň.

Wie eine Schlange windet sich die Neutra um die drei Seiten des Felsens mit der Kathedrale, die samt Bischofspalais und zwei weiteren Gebäuden von einer Befestigung geschützt wird. Diese wurde 1673–74 (unter Leopold I.) erbaut. Unmittelbar vor der Zufahrtsbrücke steht eine figurale prunkhafte Mariensäule mit der Skulptur der Immaculata, einer der schönsten in der Slowakei. Erbaut hatte sie 1770 Martin Vogerl. Aus dem engen Burghof (auf der kleinen Felsenfläche ist jeder Quadratmeter kostbar) führt die Treppe zur Kathedrale. Von dort aus ist der spätbarocke, für Neutra charakteristische Turm zugänglich. Er wurde zeitgleich mit den Wirtschaftsgebäuden und dem anliegenden Bischofspalais gebaut.

Die Kathedrale besteht aus drei Teilen,

von denen jeder eine in verschiedener Höhe befindliche Kirche darstellt.

Die Tür im Turm führt in den jüngsten Teil der Kathedrale – die Untere Kirche aus den Jahren 1632–42, verziert mit Bildern Gottlob Antonio Galiartis, Fresken und viel rotem Marmor. Es entstand so ein fensterloser Raum, in welchen das Licht nur über Laternen in der Kuppellünette durchdringt. Dies verleiht der Kirche eine besondere Atmosphäre. Besonders zur Geltung kommt hier der mit dynamisch wirkenden Figuren ausgestattete Altar von Johann Pernegger aus dem Jahr 1662.

Die untere Kirche befindet sich direkt unterhalb der Überreste der ursprünglichen romanischen Kirche, von der heute lediglich ein Joch mit abschließender Apsis steht.

Lange wurde angenommen, dass es sich

um jene Kirche handelt, die als allererste im Jahre 828 vom Salzburger Bischof Adalram eingeweiht wurde. Die romanische Kirche der Kathedrale wurde aber erst etwa zweihundert Jahre später erbaut. Das Echo der Töne wirkt in den interessanten Sitznischen überirdisch.

Aus der unteren Kirche führt eine breite Treppe in die große Obere Kirche. Diese wurde als gotische Halle 1333–35 wegen Baufälligkeit der romanischen Kirche auf der höchsten Stelle des Felsens gebaut. Die ältere romanische Kirche diente nach Fertigstellung der oberen Kirche als „authentischer Ort". Die Stützpfeiler der oberen Kirche wurden später zur Gliederung der Unteren Kirche verwendet (es gibt nur eine gemeinsame Wand). Mit dem Umbau der Oberen Kirche im Barockstil mit seiner fensterlosen Nordwand entstand ein prachtvoller, wunderschöner Raum, in dem der Hauptaltar dominiert.

## DIAKOVCE

Obwohl etwas weiter von Neutra entfernt (etwa 30 km südwestlich), ist die romanische römisch-katholische Kirche ein Pendant der nicht mehr existenten romanischen Kleinkirche der Kathedrale von Neutra. Die Basilika (Bild daneben) mit seitlich angebrachten Türmen stammt aus dem Jahr 1228 und ihre Apsis zeichnet sich durch eindrucksvoll verteilte Lisenen aus. 1872–75 wurden die Kirchenräumlichkeiten durch den Anbau eines neoromanischen Schiffes nach dem Projekt von F. Schulek verdoppelt.

# DIE KIRCHE
# IN DER EINÖDE

## KOSTOĽANY UNTER DEM TRIBETZGEBIRGE (TRIBEČ)

**KIRCHE IN DRAŽOVCE**

Die kleine frühromanische Kirche des hl. Michael (*oben*), erbaut an der Wende vom 11. zum 12. Jh. anstelle der früheren Burgstätte muss jeden Betrachter fesseln. Gut erkennbar ist sie schon von weitem.

Die romanische Kirche des hl. Georg auf dem Hügel über dem Dorf steht am Ende des Tals, wo der einzige Weg in die Wälder des Tribeč, eines Gebirges nördlich von Neutra endet. Auch heute ist es ein Bau in der Einöde. Es gehört schon eine Menge an Vorstellungskraft dazu, sich eine Siedlung in der Abgeschiedenheit – im 10. und 11. Jahrhundert wohl im Urwald – in die Realität zu projizieren, es gibt sie aber wirklich: Sie berichtet über das Leben im Mittelalter, den damaligen Menschen, und ist Zeuge der Verbindung der geistigen und psychologischen Dimension der Architektur. Sie ist eine der ältesten vollkommen erhaltenen vorromanischen Kirchenbauten der Slowakei. Die langschiffige Kirche besteht aus Bruchstein und über dem Heiligtum ist eine Rundkuppel. Sie stand sicher schon in der ersten Hälfte des 11. Jahrhunderts. Mit ihrem altertümlichen Aussehen erinnert sie an westliche Kirchentypen aus dem 7. Jahrhundert, ohne jede Rundung in den Umfassungsmauern.

Im 13. Jahrhundert wurde ein neues Schiff mit Empore und Südeingang hinzugebaut. Im Innenraum mit verschiedenen Breiten, umschlossen von etwas schiefen und mit Unebenheiten verputzten Wänden, befindet sich eine frühromanische Kanzel und ein Taufbecken.

Im 18. Jahrhundert wurde die Kirche umgebaut und wieder erweitert; unlängst wurden wertvolle Wandmalereien entdeckt, wahrscheinlich sind sie gleich nach Errichtung des Schiffes also im elften Jh. entstanden. Es geht um eine der wertvollsten Denkmäler romanischer Kunst bei uns. Zyklen mit der Christus- und Marienthematik bilden horizontale Bänder und zeugen von byzantinischen Ausdrucksformen, die öfter hier anzutreffen sind.

*Romanische Kirche (unten) in Kostoľany pod Tribečom und der Innenbereich (gegenüberliegende Seite)*

# DIE ROMANISCHE BASILIKA UND DIE ROTUNDE DER 12 APOSTEL

## BÍŇA IST STOLZ AUF SEINE GESCHICHTE

### BÍŇA – EIN PARADIES FÜR ARCHÄOLOGEN

Bíňa ist ein wichtiger archäologischer Fundort. Der Ort war schon in der jüngeren Steinzeit besiedelt. Auch die Funde aus der Bronze- und Eisenzeit sind wertvoll, ganz zu schweigen von den byzantinischen goldenen Münzen. Diese 108 Münzen wurden in 5 m Tiefe gefunden und gehören somit zum wertvollsten Schatz der Slowakei aus der Zeit der Völkerwanderung (5. Jahrhundert). Wahrscheinlich handelte es sich um einen Teil der Gebühr, mit der Konstantinopel und Rom den Frieden von den Hunnen erkauften.

In der Slowakei sind erhaltene Rotunden öfters in später erbaute Kirchen integriert, oder weit entfernt von Neubauten allein stehend belassen worden. Einmalig ist wohl aber der Spannungsbogen, der curch den Neubau, welcher sich nur etwa hundert Meter weit von der Rotunde befindet, entstanden ist. Bewundernswert ist nicht nur diese Besonderheit und ihre Schönheit, sondern auch die Tatsache, dass

beide nach enormen Schäden, die sie Ende des Zweiten Weltkrieges erlitten haben, abgerissen werden sollten, dann 1951–55 wieder aufgebaut wurden. Ihr Schicksal war schon 1683 einmal besiegelt – damals dauerte es 40 Jahre bis zur Wiederherstellung.

Der zweitürmige Bau wurde 1217 mit einer stilsicheren und beeindruckenden Ausführung errichtet. Er gehört zu den wert-

vollsten spätromanischen Kirchen nördlich der Donau. Auch der abgestufte Nartex (Vorschiff) betont das Gesamtbild des Baus.

Vielleicht war eine Dreischiffigkeit geplant, aber bei Baubeginn nicht mehr verfolgt; diesen Schluss lassen die drei abschließenden Apsiden zu. Hervorragende Details gibt es an den Portalen und Kapitelen, die antike Formen verraten, der Künstler wandte aber auch andere Elemente an – charakteristische geometrische Linien, ornamentartig gestaltete Pflanzenblätter, Jagdszenen und menschliche Gestalten.

Die Rotunde der 12 Apostel (*Bild unten*) stammt aus dem 12. Jahrhundert und wurde wie die Basilika 1755 im Barockstil – mit der „Welschen Haube" versehen – erneuert. Infolge von Kriegshandlungen fiel die Stuckverzierung herunter, wodurch die Wandmalereien des 12. Jahrhunderts – die 12 Apostel – wieder sichtbar wurden. Der Maler

## ŽELIEZOVCE

Werden einmal die Besucher des hiesigen Schlosses im weiten Park von den Tönen von Schuberts Musik begrüßt werden? Das wird wohl einige Zeit dauern, da das Eszterházypalais derzeit renoviert wird. Das kleine Gebäude außerhalb des Parks – das sog. „Eulenschloss" – ist unangetastet. Hier befindet sich ein kleines Schubertmuseum (*Bild oben*). Während seines ersten Aufenthaltes in Želiezovce lebte der berühmte Komponist in diesem Haus und gab Maria und Karoline, den Töchtern J. K. Eszterházys Klavierunterricht. Obwohl hier einige Kompositionen entstanden, sind Schuberts Aufenthalte bei dieser Familie kaum bekannt – trotz der Briefe, in denen er die Gastfreundschaft des Grafen lobt und die Anmut beider jungen Damen preist. Aufmerksamkeit sollte man auch der römisch-katholischen Kirche des hl. Jakob widmen. Nur selten wird auf den seltenen, die Mensa (Altartisch) darstellenden römischen Sarkophag (*Bild unten*) hingewiesen. Hierher gelangte er auf langen Umwegen. Aufmerksamkeit verdienen auch die Überreste von Fresken aus dem 15. Jh.

beherrschte die italienische Wandmalkunst und verwendete auch byzantinische Elemente. In der außen glatten, runden Wand sind von innen 12 Nischen und eine flache Apsis eingearbeitet worden. Auf der geräumigen Fläche, die heute an einen Park erinnert und die durch das Ufer der Gran begrenzt wird, sind noch Fundamente eines Klosters sichtbar.

# KIRCHE UND FESTUNG

## DIE ABTEIKIRCHE VON SANKT BENEDIKT
### (HRONSKÝ BEŇADIK)

**IN DER WELT VERSTREU-
TE KUNSTWERKE AUS
DER SLOWAKEI**

Die Kirche von Sankt Bene-
dikt verlor im Laufe der
Geschichte viele schöne
Stücke, u.a. das herrliche
„Grab Gottes". Das ist kein
Zufall. Viele originale
Kunstwerke sind nicht an
ihren ursprünglichen Orten,
mehrere sind in Museen,
und zwar nicht nur in der
Slowakei. So sind viele in
Museen in Budapest und
Gran zu bewundern. Das ist
die Folge der 900 Jahre
dauernden Zugehörigkeit der
Slowakei zum ungarischen
Königreich und der beweg-
ten Schicksale des Landes.
Die Gemeinden erkannten
oft den Wert ihrer Altäre,
Bilder usw. nicht, und verkauften Teile ihrer Schätze
gerne wegen Renovierung
oder Erweiterung ihrer
Kirche. Infolge der Türkenkriege wurden viele Werke
gestohlen oder blieben ohne
Besitzer. Sie wurden später
in Museen zusammen-
getragen.

Im engen Tal der Gran stellt sich der Straße und der Eisenbahnstrecke ein Fels-
sporn in den Weg, auf dem Mauern mit
Schießscharten, zwei Türme und der Chor
einer großen Kirche sichtbar sind. Diese
strategisch vorteilhafte Stelle wurde bereits
lange vor Ankunft der Benediktiner im Jahre 1077 besiedelt. Diese gründeten hier
ihre Abtei samt einer relativ großen romanischen Basilika. Sie war ein wichtiger Stützpunkt des jungen ungarischen Staates und
der erste Bergbauunternehmer der Mittelslowakei, der mit deutschen Bergarbeitern
die Gewinnung in einem ganz anderen Stil
betrieb, als es die kleinen „Erzschürfer" ver-
mochten.

Die Einkünfte ermöglichten 1346–1375
auf dem Platz der romanischen Basilika den
Neubau einer gotischen Hallenkirche. Die
Basilika wurde abgetragen und die Fundamente vom Fußboden des neuen größeren

Bauwerkes bedeckt. Trotz mehrerer Brände
blieb bei den Renovierungsarbeiten der Stil,
wie auch die Güte der handwerklichen Ausführung erhalten.

Schon die Reformation und die anschließenden Auseinandersetzungen um den Besitz der Abtei waren der Kontinuität der
Bauphasen aus architektonischer Sicht ab-
träglich, der Umbau von 1563 bis 1588 hat
jedoch aus dieser eine Festung gegen die
Türken entstehen lassen, wobei dem ursprünglichen Zweck kaum Rechnung getragen wurde. Die hohen gotischen Fenster der
Kirche wurden zugemauert und die Gebäude um den kleinen Paradiesgarten erhielten
Bastionen.

Der Niedergang war erst im Jahre 1711
beendet, als wieder Bautätigkeit einsetzte.
Nach einer barockklassizistischen Ausstattung folgte 1881–1889 eine puristische
Regotisierung.

Die Kirche hat ein schönes Portal und Fragmente der Wandmalereien wurden sichtbar gemacht (Legende vom hl. Georg). In der Kirche wurden gotische Elemente, besonders die hohen Fenster neu hergestellt, für den Bedarf der Mönche wurden aber nur zwei Flügel umgebaut.

Dank ihrer an den Stil von Peter Parler erinnernden Gliederung ist die Kirche äußerst imposant. Von der früheren Einrichtung ist nur ein prächtiges Stück geblieben, der Schrein eines nicht mehr existenten Marienaltars, mit Holzplastiken der Maria, der Scholastika und des Benedikt. Diese Plastiken entstanden um das Jahr 1465 und gehören zu den schönsten spätgotischen Werken in der Slowakei. Der Autor ist unbekannt und wird als „Meister der Sankt Benedikter Figuren" bezeichnet.

*Links oben: Ursprüngliche Fresken (abgedeckt 1882) der Kirche (Kampf des hl. Georg mit dem Drachen)*

*Oben: Blick auf die Kirche des hl. Benedikt und der Jungfrau Maria*

*Unten: Der wertvolle Altar von Sankt Benedikt (befindet sich im Seitenschiff)*

# NOSTALGISCHE RESIDENZ
# UND ERHOLUNGSSTÄTTE

## SCHLOSS TOPOĽČIANKY

**HIER KANN MAN
ENTSPANNEN**

Eine ebene, für Topoľčianky
bezeichnende Landschaft,
lockt viele nachdenkliche
Urlauber an diesen Ort.
Auch Präsident Masaryk
mochte Topoľčianky vor
allem wegen des Ausblickes
in die weite Umgebung, die
die Kontemplation beflü-
gelte. Aber auch ein anderes
Naturell kommt auf seine
Kosten: Von hier aus sind
angenehme Wanderungen
möglich, insbesondere ins
Tribetzgebirge.

Aus der Menge slowakischer Schlösser zeichnet sich nur dieses durch eine Besonderheit aus: 1923–50 war es Sommerresidenz tschechoslowakischer Präsicenten. Dem Besucher werden hier sogar Zimmer mit Originalmöbeln angeboten, welche der erste tschechoslowakische Präsi-

dent T. G. Masaryk und seine Tochter Alice bewohnten. Dieser klassizistische Bau, den eine große Kuppel krönt, wirkt monumental und großzügig und dank des dreiachsigen Portikus mit vier Säulen und einem den Balkon abgrenzenden Tympanon auch schön gegliedert. Dieser sehr aufwendige Bau ent-

stand zwischen 1820 und 1840 an der Stelle des abgerissenen Flügels im früheren Schloss. Hinter dem neuen klassizistischen Flügel befinden sich ältere Teile, die einen großen Hof umschließen. Sie wurden im 15. und 16. Jahrhundert gebaut. Im 17. Jahrhundert kam es zum Umbau im Renaissancestil, wegen der Türkengefahr wurden auch etliche Befestigungsarbeiten vorgenommen. Zum Schloss gehört ein 40 Hektar umfassender Park samt Orangerie und Skulpturen von Alois Strobl.

Das Schloss befindet sich in einer herrlichen Umgebung, im englischen Garten gibt es viele seltene Holzarten und ein Jagdschloss. An den Park grenzt ein Wildgehege. Im Bereich des nahe gelegenen Forsthauses gibt es ein Auerochsenreservat.

## ARBORETUM IN TESÁRSKE MLYŇANY

Dieser sehr schöne botanische Garten mit seltenen Holzarten entstand um 1892. Der exotische Garten umschließt ein pseudoklassizistisches Schloss aus der gleichen Epoche.

*Mitte: Schloss in Topol'čianky*

*Oben: Auerochsenreservat*

*Unten: Chinesischer Pavillon im Arboretum Mlyňany*

# SCHICKSALSWENDUNGEN IM NEUTRATAL

## VON DER VERARMTEN GRÄFIN ZUR KÖNIGIN

**KÖNIGSBERG A.D. GRAN (NOVÁ BAŇA)**

Auf dem *Bild oben* ist die römisch-katholische Kirche der Mariengeburt in Königsberg a.d. Gran. Die Bergbaustadt ohne Stadtmauern war 1664 den Türken ausgeliefert. Die Türken verhielten sich äußerst grausam, als sie in den Lüftungsschächten der Minen, in die die Bewohner flüchteten, Feuer legten. Die Kleinstadt hatte ein wechselhaftes Schicksal, obwohl sie Mitglied des Verbandes der sieben oberungarischen Bergbaustädte war. Ein gewisser Meilenstein in ihrer Entwicklung war 1721, als Isaak Potter im Schacht Althandel eine Dampfmaschine zum Abpumpen von Wasser aus der Mine in Betrieb setzte.

Ihre Majestät Königin Geraldine, geborene Gräfin Apponyi... – so steht es im Grundbuch von Kowaritz (Kovarce). Bis zu der Zeit, aus der jener Eintrag stammt, hatte die Familie der Apponyis Probleme, finanziell über die Runden zu kommen. Ihr Onkel Heinrich – der letzte männliche Nachkomme der Apponyilinie aus Oponice war Diplomat, Globetrotter, Jäger und Abenteurer. Infolge der Schulden, die er machte, war er gezwungen, den meisten Besitz zu verkaufen. 1936 starb er „unnatürlichen Todes" – so wurde ein Beinbruch mit anschließender schwerer Lungenentzündung bezeichnet. Dazu kam es nämlich kurz, nachdem er der Öffnung der Tutanchamun-Gruft beiwohnte, sodass er ein geeignetes Opfer des „Graböffnerfluches" wurde. Die Finanzlage der Familie war andauernd schlimm, 1938 kam es jedoch zur glücklichen Wendung: Geraldines Verlobung und Hochzeit mit dem albanischen König Zogu I. (1895–1961). Dies ermöglichte der Familie, zumindest Kovarce, das seinerzeit beste Jagdrevier, wieder zu erwerben.

Von den einst bemerkenswerten Bauten ist nur wenig übrig geblieben. Zu nennen ist die Burgruine auf dem 300 m hohen Felsen des Gebirges Tribetz, ein beliebtes Ziel der Wanderer. Ursprünglich gehörte die Burg zum Befestigungssystem des ungarischen Staates, das vor allem das Gebiet von Mathias Csák, ihrem Erbauer, schützte. Nach seinem Tod verwalteten es Kastellane und im 14. Jahrhundert fiel es den Apponyis zu, die zu Erbbesitzern wurden. Im 16. Jahrhundert war die Burg Bestandteil des Verteidigungssystems gegen die Türken – es kam eine Burgmauer und eine Kanonenbastei hinzu. Danach folgte der Bau spätgotischer Paläste, Ruine ist sie seit 1645 nach einem Brand. Sie diente noch als Zuflucht für die Kuruzzen, nach der Erstürmung durch Soldaten des Kaisers wurde sie niedergerissen.

Das Renaissanceschloss mit drei Flügeln und Ecktürmen, das sich im weitläufigen englischen Garten befindet und im 19. Jahrhundert erweitert wurde, ist in einem schlechten Zustand und sucht einen begüterten Käufer.

Das kleine Schloss am Rande von Oponi-

ce (*zentrales Bild*), heute ein Museum, erhielt vor 100 Jahren seine Form.

Das durch Krieg zerstörte und erneuerte Dorf Skýcov liegt inmitten des Tribetzgebirges. Sein Schloss (*Bild rechts*) machte auch einen Wandel durch. Gebaut im letzten Drittel des 17. Jahrhunderts als typischer Renaissancebau auf altem gotischen Unterbau. Nach dem Niedergang wurde 1883 mit der Renovierung begonnen und es kam ein pseudoromanischer Wohnturm hinzu. Im Krieg zerstört, danach ein Teil davon wieder aufgebaut, ist es heute ein Restaurant.

Eine bemerkenswerte Ruine im Tribetzgebirge ist die Burg Hrušov, ein ursprünglich zur Bewachung dienendes Gebäude, von Mauern umgeben. Die Burg hatte einen kleinen Hof, umschlossen von Bauten. Sie wurde von königlichen Kastellanen verwaltet und gehörte mehreren Geschlechtern.

### DIE SAGE VON DER HERRIN VON HRUŠOV

Der gegen die Habsburger von Franz Rákoczi II. geführte Widerstand, der bekannte Kuruzzenkrieg mit den Kaiserlichen 1703–1711, war mit Plünderungen verbunden. Als die Kuruzzen 1708 bei Trentschin geschlagen wurden, bedeutete das auch für Hrušov schlechte Aussichten. Die Schlossherrin sprang in Panik aus dem Fenster der Burg, sie wurde aber in der Luft von Engeln gefasst und gerettet.

49

# KÖNNTEN DOCH DIE ALTARFIGUREN SPRECHEN…

## DIE ALTÄRE VON PUKANZ (PUKANEC)

### LEWENZ (LEVICE)

Eine interessante Stadt des Grantals ist Lewenz mit bewegter Geschichte, die während der Türkenkriege viel zu leiden hatte. Nachdem die Gefahr gebannt war, begann die Burg zu verfallen. Gegründet wurde sie im 13. Jh. und im 16. Jh. wurde sie zur Festung umgebaut. Im 17. Jh. von den Türken erobert und im 18. Jh. von den Kuruzzen zerstört. Aufmerksamkeit verdient auch das Renaissanceschloss aus dem Ende des 16. Jh., eine barocke Kirche mit Kloster aus dem 18. Jh. und ein neoklassizistisches Schloss aus dem 19. Jh. 5 km von der Stadt befindet sich ein beliebtes Thermenbad Margita (mit gelb verfärbtem Wasser) und Ilona (mit grünem Wasser). Nah ist auch der Kurort Santovka (Tafelwasser).

Pukanz und seine Umgebung ist eine Gegend, die unter den Türken viel zu leiden hatte. Obwohl seit dem 14. Jahrhundert eine freie königliche Stadt und im 15. in den Kreis der sieben niederungarischen Bergbaustädte aufgenommen, war sie nicht imstande, im 17. Jahrhundert den Türken zu widerstehen, die es auf Gold und Silber abgesehen hatten. Mit der Beute waren sie wohl nicht zufrieden, weil sie fast die ganze Stadt plünderten, Männer ermordeten und Frauen im nahen Dorf Frauenmarkt (welch treffender Name) verkauften.

Die Kleinstadt konnte sich davon nicht mehr erholen und der Bergbau wurde nicht mehr aufgenommen. Geblieben sind jedoch sechs Altäre von unschätzbarem Wert in der einschiffigen römisch-katholischen Pfarrkirche des hl. Nikolaus, erbaut nach dem Jahre 1321.

Im Jahre 1440 ist auf der Nordseite die sog. kleine Kirche hinzugekommen. Die Trennwand zwischen beiden war aber erst 1940 abgebaut worden, wodurch ein zweischiffiger Raum entstand. Bemerkenswert ist das herrliche Netzgewölbe, das die Arbeit von Peter Parlers Schülern verrät. Oft wird es aber übersehen, da die herrlichen Altäre der Augenfang der Kirche sind. Und dasselbe ist vom Renaissanceepitaph von Hans Solner zu sagen.

Im Schrein des Hauptaltars aus dem Ende des 15. Jahrhunderts fällt die leben-

dig wirkende Kreuzigungsszene auf, die aus acht Plastiken besteht. Zu den drei üblichen Figuren fügte der Künstler auch beide gekreuzigte Verbrecher, Maria Magdalena, den Hauptmann und einen Soldaten hinzu.

Weitere drei Altäre gehören zusammen, obwohl sie innerhalb von zwanzig Jahren (1470–90) allmählich entstanden sind. Alle stammen von dem Künstler, der der Autor der Figuren aus Sankt Benedikt und offensichtlich auch anderer Schnitzereien in der Slowakei ist. Die eingehende Suche bringt uns auf den Namen Jakob Kaschauer.

Zwei der Altäre bestehen aus zwei Flügeln: der Marienkrönungsaltar mit schönen Gesichtern und differenziertem Ausdruck und ein weiterer Marienaltar mit fünf Plastiken und ähnlichen Gesichtsausdrücken. Der künstlerisch reifste und in der Zeitabfolge der letzte ist der Jesusaltar – ein Flügelaltar, in dessen schmalem Schrein die Figur von Jesus steht. Auf den Flügeln sind vier weitere Reliefs zu finden, jedes Relief mit drei Aposteln, zwischen denen sich der Altarschrein befindet.

Die nächsten zwei Altäre fallen weniger auf, was durch den Innenraum der Kirche bedingt ist. Sie stammen aus anderer Zeit – der Altar des hl. Josef ist spätgotisch – um 1480 (obwohl die Plastik im Schrein jüngeren Datums ist) und der spätbarocke Altar des hl. Nepomuk vom Ende des 18. Jahrhunderts.

### BRHLOVCE

Etwa 17 km von Pukanz liegt dieses Dorf (heute mit etwa 400 Bewohnern), das von siedlungshistorischer Sicht aus sehr interessant ist, da es hier erhaltene Felsensiedlungen gibt, die musealen Charakter haben. In Wänden aus Tuff, die das Tal aus beiden Seiten umschließen, befinden sich Räumlichkeiten, die in den formbaren Fels gehauen sind – es gibt hier Fenster, Kamine und weitere fürs einfache Wohnen notwendige Vorrichtungen. Ursprünglich waren es Weinkeller, dann Vorratskammern, da der Weinanbau relativ früh verfiel. Während der Türkengefahr, im 16. und 17. Jh., wurden sie zu Behausungen, wobei weitere Räume für Wirtschaftszwecke ausgehöhlt wurden. Sicher waren sie nur als Übergangsbleibe gedacht, doch waren sie oft auch nach dem Verfall gebauter Häuser noch zu verwenden.

# EIN KLOSTER, DAS ZUR FESTUNG WURDE

## BZOVÍK

### STARÁ HORA

Unweit von Siebenbrot inmitten von Weingärten und Abgeschiedenheit befindet sich die unbewohnte Lokalität Stará Hora, auffällig hohe Winzerhäuser mit gewölbtem Eingangstor im Erdgeschoss, durch das man in den Weinkeller gelangt. Heute gibt es in einigen Häusern Weinstuben.

### DUDINCE

Noch weiter nach Südwesten hin, an der Grenze des Eipeler Hügellandes und der Karpfener Ebene liegt ein immer populärer werdender Kurort mit Hydrogen-karbonat-Schwefelchlor-wasser mit bis zu 30 °C, in dem Erkrankungen des Bewegungsapparats sowie Gefäß- und Nervenkrank-heiten behandelt werden. Zu bewundern sind hier die aus dem Quellwasser ausgefällten Kalktuffhaufen, die sog. Travertine von Dudince.

Im weit gestreckten Hügelland zwischen der Eipel und der Umgebung von Altsohl gibt es einige strategisch dermaßen günstige Stellen, die einen herrlichen Ausblick auf die Landschaft möglich machen. Auch ein Hügel südlich vom Dorf Bzovík ist so eine Stelle. Die Gegend wird auch Hügelland von Bzovík genannt und gehört zur Ebene von Karpfen (Krupina). Um 1130, als hier unter Stefan II. die Zisterzienser ein Kloster gründeten (das Ende des Jahrhunderts in die Hände der Prämonstratenser kam), bemühte sich noch kein Eroberer, sich dieses Objektes zu bemächtigen. Doch 300 Jahre nach der Gründung war die Lage anders geworden. Damals hatten zum Kloster schon

20 Untertanendörfer gehört und es wurde zu einem der größten kirchlichen Besitzer. So kam es nicht überraschend, dass die Hussiten die Abtei überfielen, plünderten und die Mönche vertrieben. Während des Neubaus kam es zu langwierigen Streitigkeiten mit Karpfen, der nahe gelegenen königlichen Freistadt. Trotzdem konnte damals die romanische Klosterkirche um das gotische Presbyterium verlängert werden, wie auch das ganze Kloster im spätgotischen Stil umgebaut wurde.

Säkularisierungstendenzen und die Türkengefahr ermöglichten den Erwerb des Klosters durch Siegmund Balassa, die Mönche wurden verjagt. Das geschah 1530, als die verworrene Lage nach der Schlacht bei Mohács politisch, wie auch zu Besitznahmen genutzt werden konnte. So wurde die

Idee einer Antitürkenfestung geboren. Den romanischgotischen Kirchenbau ließ Balassa schleifen, wobei er ihren Nordturm in sein neues Gebäude – ein Herrenschloss im Renaissancestil – eingliederte. Schließlich ließ er eine Schutzmauer mit den auch heute fürs Bauwerk charakteristischen Ecktürmen bauen. Es kam noch ein tiefer Wassergraben rundum mit einer Fallbrücke hinzu und der Wandel vom Kloster in einen befestigten Adelssitz war vollzogen.

Ende des 17. Jahrhunderts wurde die ausgebrannte und während des Thökölyaufstandes geplünderte Festung wieder Kirchenbesitz und 1678 auch im Barockstil renoviert. Sie wurde zum Seminar des Erzbistums von Gran (Esztergom). Anfang des 19. Jahrhunderts wurden die Gebäude verlassen und verfielen allmählich.

Von weiteren Bauten, wie z.B. der Kirche aus dem Jahre 1530 blieben nur Fundamente und Mauerreste übrig. Äußerst populär ist die Idee, die Türme in eine Urlaubsherberge umzubauen.

Touristen, die heutzutage bei ihren Spaziergängen die Burg von Bzovík besuchen, erleben die Sage, die zwischen den Mauern sehr glaubhaft erscheint, als wäre sie wahr: Als der genannte Graf Balassa die Mönche verjagte, beschlossen diese, sich an seiner Tochter zu rächen und sie schließlich töteten. Ihr Geist hat die steinernen Mauern bis heute nicht verlassen, da man angeblich noch immer ihr Jammern hören kann.

## KARPFEN (KRUPINA)

Etwa 10 km nördlich von Bzovík liegt Karpfen, eine von deutschen Siedlern gegründete Stadt. Sie wird erstmals als Saxonex de Karpona 1238 genannt. Schon 1244 wurde sie zur königlichen Freistadt und obwohl die Förderung hier nie besonders groß war, gibt es hier vieles, womit die Stadt werben kann. Nach dem Vorbild des Magdeburger Rechts wurde auch das „Karpfener Recht" eingeführt. Die Stadt behauptete sich gegen die Türken, in den Mauern fanden viele Leute Zuflucht. Die römisch-katholische Kirche der Geburt Jungfrau Marias wurde durch eine zusätzliche Mauer geschützt. Es ist ein interessanter Bau, der als romanische Basilika im 13. Jh. entstand. Gotisch sind nur das Presbyterium und ein paar Bestandteile im Außenbereich. Ein wichtiger Beweis dieses Stils sind aber Plastiken des Marienaltars (*Kirche ist oben abgebildet*).

# ALS DER PROTESTANTISMUS KEIMTE

## DIE EVANGELISCHE KIRCHE IN PÔTOR

**DOLNÁ STREHOVÁ**

Nur 6 km von Pôtor entfernt steht ein herrliches Schloss, das vor allem als Ort bekannt wurde, in dem der berühmte ungarische Dichter Imre Madách geboren wurde und viele Jahre lebte. Hier verfasste er auch sein Hauptwerk – „Die Tragödie des Menschen". Das Schloss im klassizistischen und Rokokostil mit drei Flügeln und diagonal angelegten Ecktürmen stammt vom Ende des 18. Jh. und ist zur Zeit als Madáchmuseum eingerichtet (*Bild oben*). Im weiten, einst gepflegten englischen Garten steht etwas abseits sein Mausoleum, vom Architekten A. Rigele entworfen.

Die Bauern- und Winzerbevölkerung des Untertanendorfes mehrerer Landesherren, das im 13. Jahrhundert entstand, musste zwei Jahrhunderte auf eine eigene Kirche warten. Als Ende des 15. Jahrhunderts die spätgotische Kirche in Pôtor erbaut wurde, war die Reformation an der historischen Schwelle angelangt; Lutheraner, die die Kirche in der ersten Hälfte des 16. Jahrhunderts übernahmen, gab es aber noch nicht.

Nach den bewegten Jahren der Reformation und Gegenreformation war sie eine der wenigen evangelischen Kirchen, die früher katholisch waren, d.h. die noch in der Zeit vor der Reformation erbaut wurden. 1599 wurde der frei stehende Glockenturm gebaut und die umschließende Mauer verlieh ihm fast das Aussehen eines Schlösschens.

Der Innenbereich ist dank der harmonischen Ausgewogenheit aller Elemente äußerst imposant (*Mittelbild*), obwohl diese nicht gleichzeitig entstanden, sondern sich im Laufe von zwei Jahrhunderten ansammelten. Die Innenräume besitzen glatte Holzdecken, im Presbyterium reich bemalt. Der Maler und Tischler David Alitis schuf 1607 eine herrliche Komposition, in der Ranken von Rosen, Tulpen und türkischen Blumen einander durchdringen. Die überwiegend zweifarbige Bemalung der Kassettendecke im Schiff wurde erst 1776 vollendet. Zusammen mit gemalten Bögen bilden die bemalten Friese einen abwechslungsreichen Übergang zwischen den weißen Wänden und dem farbigen Geländer der Emporen. 1681 entstand ein schöner Renaissancealtar mit dem Bild der Auferstehung. Hinzugekommen ist 1776 die hl. Dreifaltigkeit. Ein sehr wertvolles Exemplar ist eine Orgel aus dem Jahr 1764, ein Werk des Meisters Martin Podkonický.

Erst 1960 wurde die Kirche gründlich er-neuert. Dies hatte praktische Gründe, da das Dorf bedeutend gewachsen ist. Nach Beginn der Braunkohleförderung änderte sich auch ihr Aussehen.

Ähnlich wie in anderen Gemeinden in der Gegend von Modrý Kameň (Horné Strháre, Želovce mit dem Kurort Šošár) entspringt auch in Pôtor Mineralwasser.

## DOLNÉ PLACHTINCE

In diesem Dorf gibt es einige interessante Landhäuser. Sie besitzen sich ähnelnde Frontalgalerien – die finden wir auch anderswo in der Südslowakei. In Dolné Plachtince besitzen sie jedoch ein paar Eigenheiten. Die Laubengänge mit hinaus-ragenden Dächern sind nicht nur an der dem Hof zugewandten Seite, sondern auch an der Fassade. Die Empiresäulen sehen wie tra-gende Elemente aus. Auch die volkstümliche Stein-hauerei erreichte hier ein hohes Niveau. *Oben* ist ein typisches Haus in D. Plach-tince zu sehen.

## BLAUENSTEIN (MODRÝ KAMEŇ)

Im Karpfental in der Nähe von Veľký Krtíš ruht eine Ruine mit anliegendem Barockschloss. Es war eine Schutzburg aus dem 13. Jh., von den Türken Ende des 16. Jh. zerstört. Im Schloss ist eine Puppen- und Spielzeugausstellung untergebracht.

# DER BULGARISCHE ZAR HATTE KEINEN SCHLECHTEN GESCHMACK

## SCHLOSS DER COBURGER IN ST. ANTON (SVÄTÝ ANTON)

**ILIJA**

Im kleinen Dorf, unweit von St. Anton, wo ursprünglich Köhler und Bergleute lebten, hat die Zeit die interessante Vergangenheit – wie z.B. die Quadenbefestigungen oder die 1703 erfolgte Verwüstung der Burg – fast gänzlich verwischt. Geblieben ist aber die kleine einschiffige romanische Kirche des hl. Egidius (*Bild oben*), ein UNESCO-Denkmal aus dem 13. Jh. Aber kaum jemand käme der Kirche wegen nach Ilija, wäre da nicht ihr wunderschönes reich gegliedertes romanisches Portal, mit seinen symmetrischen Kapitellen. Auf der linken Seite des Portals sind florale, mit Vögeln verzierte Motive und auf der rechten Seite sind Weinranken mit Rautenwerk. Seit dem 18. Jh. steht hier der Eingangsturm, der dem unteren Teil mit dem stark der Witterung ausgesetzten Portal guten Schutz bietet.

Als der 87-jährige Ferdinand Maximilian Coburg, Fürst von Sachsen-Coburg und Gotha und früherer bulgarischer Zar 1948 auf seinem Familiensitz in Coburg (Bayern) verstarb, waren erst vier Jahre seit der Aufgabe seines Schlosses in Sankt Anton vergangen, da nach dem Zweiten Weltkrieg all sein Besitz in der Slowakei konfisziert wurde. Er lebte hier seit 1918, als er auf den bulgarischen Thron zugunsten seines Sohnes Boris verzichtet hatte. Zu diesem kleinen Imperium der Koháryfamilie kam sein Großvater 1826 durch die Heirat mit Antonia Maria Koháry. Er wurde auch Besitzer der Hütten im oberen Tal der Gran und Göllnitz. Damals wurde das Schloss gründlich restauriert.

Anstelle der früheren gotischen Burg ließ die Koháryfamilie 1774 ein zweistöckiges vierflügeliges Schloss mit großem Innenhof und Fontäne bauen, das mehrmals umgebaut wurde. Entlang der repräsentativen Treppe finden wir Plastiken im Barockstil, die von Autoren der Donnerschen Schule gefertigt wurden.

Von außen war es einfach gestaltet, im Innenbereich gab es aber eine Vielzahl an komfortablen Räumen mit Luxusmöbeln und

## DIE SYMBOLIK DES KALENDERJAHRES

Im spätgotischen Schloss von St. Anton bot sich für die Entstehung von Sagen kaum Gelegenheit, obwohl solche zu einem echten Schloss gehören. Um ein Mysterium musste man sich also auf eine andere Art und Weise bemühen. Die Mystik der Zahlen gab dazu die beste Gelegenheit, denn das Verstreichen der Zeit, die Meditation darüber, ist wirklich inspirierend und geheimnisvoll. Die Symbolisierung des Kalenderjahres zeigt sich in der Aufzählung der Einzelheiten des Schlosses: Es hat 4 Flügel und Tore, 12 Schornsteine, 52 Räumlichkeiten, 7 Gewölbe und 365 Fenster.

*Auf den Bildern* sehen wir Aufnahmen von St. Anton, dem Schloss, das Innere einiger Salons und das Innere der Schlosskapelle

Artefakten. Die Kohárys sammelten Möbel und Accessoires in ganz Europa (z.B. ein Salon der Marie-Antoinette von einer Auktion in Frankreich).

Geben wir es zu: Das populäre Jagdmuseum, das hier später entstand, kann man sich kaum anderswo vorstellen.

Außergewöhnlich schön eingerichtet ist die Kapelle mit Turm – eine Verzierung mit spätbarocken Fresken. Das Schloss ist an drei Seiten von einem Park mit imposanten alten Bäumen umgeben, sodass der Übergang zwischen dem Park und dem angrenzenden Wald fließend ist.

# EIGENTLICH SIND ES
# TECHNISCHE DENKMÄLER

## DIE SEEN IN DER GEGEND VON SCHEMNITZ
## (BANSKÁ ŠTIAVNICA)

**SEEN, WÄLDER, BÄDER**

so könnte man die anzie-
hende Welt der Schemnitzer
Umgebung charakterisieren.
Als Bad ist Glashütten
(Sklené Teplice) und Eisenbad (Vyhne) zu erwähnen.
Die heilende Wirkung des
alkalischen, gipshaltigen
Thermalwassers (12 reiche
Quellen von 39–52 °C) sind
seit dem Mittelalter bekannt.
Heilung finden hier Krankheiten des Bewegungsappa-
rates sowie des Nerven-
systems. Eisenbad hatte
schon im 19. Jh. einen
Namen. Auch heute wird
dieses thermale Naturbad
gern aufgesucht. Von beiden
Bädern aus lassen sich
schöne Wanderungen in die
Schemnitzer Umgebung
unternehmen.

Nach der Erschöpfung silberhaltiger Erz-
adern drang die Förderung tiefer
und tiefer vor, wodurch ein Problem zutage
trat: Es mussten immer größere Mengen
Wasser aus den Bergwerken abgeleitet werden. Ein weiteres stellten die riesigen Halden tauben Gesteins dar, infolge dessen die
Unebenheiten des Geländes immer größer

wurden. Weder menschliche noch Pferde-
kraft genügte und viele Arbeiten konnten
nicht mehr auf gewohnte Art gemacht werden und so wurden noch vor dem Siegeszug
der Dampfmaschine andere Energiequellen
gesucht.

Technisch gebildete Experten (erwähnt
wird hier auch M. K. Hell) erkannten im Was-

ser eine hervorragende Energieressource und dass man mit ihrer Kraft – wie schon bei Mühlen – verschiedene Anlagen betreiben kann. Bei der Einführung neuer Maschinen muss es jedoch genug Wasser geben, ein Wassermangel könnte für die betroffenen Minen katastrophale Folgen haben. Und so entstand die geniale Idee (eigentlich wurde sie nur „abgestaubt" – sie war gar nicht neu), das Wasser in künstlich angelegten Teichen zu sammeln und mit dem starken, durch das Gefälle hervorgerufenen Strom – so wie bei modernen Wasserkraftwerken – verschiedene Maschinen anzutreiben. Die Gewerke in der wasserarmen Gegend von Schemnitz haben diese Möglichkeit voll genutzt und so entstand in der Nähe der Stadt und der Minen eine Vielzahl an Teichen.

Viele der Teiche blieben erhalten und werden heute von Touristen aufgesucht. Westlich der Stadt liegt in 800 Meter Seehöhe der höchstgelegene kleine Ottergrunder See.

Einer der größten Seen ist Počúvadlo mit etwa 12 Hektar und 20 Meter Tiefe, eingesetzt in eine ungewöhnlich schöne Umgebung. Am Ufer steht auch ein behagliches Hotel. Die Gegend ist die am meisten besuchte in den ganzen Schemnitzer Bergen. Im See kann man baden oder ihn mit einem Ruderboot erkunden.

Auch Spaziergänge in der Umgebung sind schön (*der See ist auf dem zentralen Bild*). In der weiteren Ungebung von Schemnitz gibt es noch zwanzig Teiche.

Jede von ihnen hat eine andere Umgebung, ist unterschiedlich groß und auch anders angelegt, alle jedoch machen die gesamte Gegend noch attraktiver für den Tourismus und die Erholung. In ihrer Nähe gibt es nichts mehr, das an deren früheren Zweck erinnern würde, informierte Leute wissen aber, worum es sich handelte.

Es ist fast seltsam, dass der Mensch, der heute vor der technisierten Welt flüchtet, die Zuflucht in der „unberührten" Natur findet – einer Natur, die der Technik noch vor dem eigentlichen Industriezeitalter zum Opfer fiel, was sehr bedauerlich ist. Die Narben, verursacht durch die einstigen technischen Eingriffe, hat Mutter Natur schon liebevoll überdeckt.

### SITNO (1009 M)

Aus der Hügellandschaft der Schemnitzer Berge (Štiavnické vrchy), die vorwiegend vulkanischen Ursprungs und durch viele enge und steile Täler durchtrennt sind, ragt ein weithin sichtbarer Berg empor, der zugleich der höchste Punkt dieses kleinen Gebirges ist (*Bild oben*). Von dort hat man eine gute Aussicht und der Berg ist auf kurzen steilen Pfaden verhältnismäßig leicht zu erreichen. Mit seinem Namen ist die Gründung des ältesten Touristenvereines der Slowakei 1862 verbunden. Im Jahre 1882 wurde er dem Ungarischen Karpatenverein angeschlossen. Eine Sage erzählt von im Berg schlafenden Rittern, die in Zeiten nationaler Not erwachen und sich für das Volk einsetzen sollen. Sie schlafen wohl sehr fest, denn das Land hätte ihre Hilfe schon mehrmals dringend benötigt.

# ERINNERUNGEN AN DEN EINSTIGEN GLANZ

## SCHEMNITZ (BANSKÁ ŠTIAVNICA)

### DAS SCHEMNITZER RATHAUS

Es stammt aus dem Jahr 1488 und wurde Ende des 17. Jh. im Renaissancestil umgestaltet. 100 Jahre später erfolgte die Barockisierung. Das Rathaus ist innen sehr schön ausgestattet, die Deckenmalerei stammt von Anton Schmidt, es ist eine Allegorie der Gerechtigkeit. Z.Z. ist die Verwaltung im Gebäude untergebracht.
(*Bild rechts:* Das Rathaus; im Vordergrund die Kirche der hl. Katharina.)

### DIE KLOPFERIN (KLOPAČKA)

In der Nähe des Stadtkerns steht die renaissancebarocke, 1681 errichtete „Klopferin", die mit den Tonfolgen, die durch das Schlagen auf ein Brett entstanden, die Arbeiter an die Arbeit rief (*Bild unten*).

Die territoriale Entwicklung dieser zwischen steile Berge gezwängten Stadt musste sich den topografischen Bedingungen anpassen. Charakteristisch ist daher ihr dreieckiger Platz, auf dem reiche Bergwerkunternehmer ihre Häuser bauten, deren großbürgerliche Architektur mit jenen der weiteren Umgebung, die noch ihren landwirtschaftlichen Charakter besitzen (wie z.B. durchlaufende Höfe), einen einschneidenden Kontrast bildete. In dieser einst königlichen Freistadt, die heute außerhalb der wichtigen Verkehrsadern liegt und nur mehr 10 000 Einwohner zählt, kann der frühere Reichtum nur bei besserem Hinsehen erkannt werden. In ihrer Blütezeit war die Einwohnerzahl viermal so hoch und es wurden bis zu 15 000 kg Silber pro Jahr gefördert. In den hiesigen Minen wurden die modernsten Fördermethoden angewendet – die Nutzung der Wasserenergie für die

Grubenmaschinen, die erstmalige Verwendung von Sprengstoff und ein mechanisierter Transport unter Tage. Herausragende Bergbauexperten haben hier ihr Können angewendet, große Verdienste daran hat vor allem Mathias Kornelius Hell. Als den Schemnitzer Minen die erste Krise drohte, setzte er radikale technische Neuerungen durch. Vor allem machte er sich um die Einführung der Wasserenergie beim Antrieb von Bergbaumaschinen sowie den Bau von Teichen, der Energieressource der Minen, verdient.

Der gute Ruf der Stadt führte 1733 zur Gründung der Bergbauschule, die Maria Theresia 1762 zur Bergbauakademie, der ersten auf der Welt, erklärte. 1786 fand in dem nahe gelegenen Kurort Glashütten der erste Montanweltkongress und etwas später in Schemnitz der erste internationale Chemiekongress statt.

Unter den Häusern ist das besonders

schöne und auffällige Fritzhaus zu nennen, in dem die Familie des Fritz von Friedenlieb lebte und später die Leitung der Bergbauakademie ihren Sitz hatte. Vergessen dürfen wir auch nicht das Pischlhaus, in dem der romantische Dichter Andrej Sládkovič seine vergötterte und auf unvergessliche Art besungene Marina kennen lernte.

Erwähnenswert ist auch das Hellenbachhaus, später Montangericht und seit 1927 Museum, das Jonashaus, die Gastwirtschaft „Beim Hirschen" mit Unterkunftsmöglichkeit, weiters das Bosányihaus und nicht zuletzt die Häuser der Baumgartners, Obereigners, Limpachers und Rubigalls-Rothans, Domizile sehr prominenter und bekannter Familien der Stadt.

In keiner anderen Stadt gibt es so viele deutschsprachige Inschriften; viele von ihnen klingen wie metaphysische Aussprüche. Andere haben wieder einen Votivinhalt, wie z.B. die Inschrift auf dem Bosányihaus – eine dringliche Bitte um Gottes Gnade und Barmherzigkeit, für das Erbe des Reiches und ein Ende der schweren Zeiten in der Welt.

Im unteren Bereich des Platzes steht eine überwältigende Säule der Dreifaltigkeit von Dionysos Stanetti mit stolzer Inschrift, daß sie die Stadt 64 000 Gulden gekostet hat. Der Platz wird von der Kirche der hl. Katharina aus dem Ende des 15. Jahrhunderts abgeschlossen. Die Kirche änderte ihr Aussehen je nach Stil – von der Gotik bis zum Empire. Außer dem Kreuz, der Taufschale und der Madonna sind auch die Skulpturen der hl. Katharina und hl. Barbara erhalten geblieben.

*Bild oben: Trotz aller Attribute der Modernität lässt sich bei Nacht die Altertümlichkeit der Stadt nicht verdecken*

61

# EINE KIRCHE
# ALS FESTUNG

## DAS ALTE UND NEUE SCHLOSS
## IN SCHEMNITZ

**DER KREUZWEG**

Eine der Dominanten von Schemnitz ist der Komplex der 14 sakralen Objekte im Barockstil – es sind die einzelnen Stationen des Schemnitzer Kreuzweges aus dem 18. Jh. Er befindet sich auf einem kegelförmigen Berg vulkanischen Ursprungs (*Bild rechts oben im Hintergrund*). Schemnitz ist auf der UNSESCO-Liste des Weltkulturerbes.

Oberhalb von Schemnitz ragt das Alte Schloss (*Zentralbild*) empor. Es steht auf einem jener Berge, wegen der die Stadt so eingeengt wurde. Das Schicksal des Schlosses begann mit dem Bau der Basilika zu Beginn des 13. Jahrhunderts, einen go-

tischen Umbau erfuhr sie um die Wende vom 15. zum 16. Jahrhundert, die romanischen Arkaden, welche die drei Schiffe voneinander trennten, wurden aber belassen. Eine hohe Mauer kam aber hinzu. Angesichts der Türkengefahr wurde der ganze

Komplex von 1546 an binnen drei Jahren zu einer mächtigen Festung ausgebaut. Das Gewölbe der Kirche wurde abgerissen, die Arkaden zugemauert, sodass aus dem Mittelschiff ein zentraler Hof entstand. Die hohen gotischen Fenster wurden in drei Etagen durch Schießscharten ersetzt. Erhalten blieben nur der Karner, die Kapelle des hl. Michael und der Turm, der 1777 in einen städtischen Aussichtsturm umgewandelt wurde. Die Bastion Himmelreich aus dem 14. Jahrhundert diente noch lange als Gefängnis, nachdem sie ihre frühere Funktion verlor.

In den Zeiten, in denen die alte städtische Kirche zur Festung wurde, ist in der Stadt eine zweite Festung „Neues Schloss" (*rechtes Bild*) entstanden. Diese kleine Festung auf

einem Hügel am Piargtor wurde 1546–79 erbaut. Nach der Sage hat sich eine reiche Witwe um diesen Bau verdient gemacht, die mit dieser Tat alle diejenigen zum Schweigen brachte, die ihr das zügellose Leben, das sie führte, verübelten. Dieser mehrstöckige turmförmige Bau mit vier runden Eckbastionen (*Bild ganz oben*), der als Antitürkenfestung gemeint war, wurde später Jungfernschlössel genannt. Der Name hat aber keinen romantischen Hintergrund, da er neueren Ursprungs ist und von der Hügelbezeichnung ausgeht, auf dem die Festung steht. Später bezog hier die Feuerwehr ihren Sitz, die den Bewohnern mit Fanfaren die genaue Zeit verkündete. Die Schemnitzer behaupteten scherzweise, dass der wirkliche Zweck des Dienstes sei, die Leute ständig aus dem Schlaf zu reißen.

### DILLN (BANSKÁ BELÁ)

ist ein kleiner Ort in der Nähe von Schemnitz mit der Geschichte eines Bergbauortes (Silberförderung). Ein bemerkenswertes Bauwerk dieses Ortes ist die röm.-kath. Kirche mit einer Schutzmauer. Ein schönes Ensemble bildet sie zusammen mit der, in der Nähe liegenden, Marienkapelle (*Bild darüber*).

# EIN MÄRCHENSCHLOSS

## WEINITZ (BOJNICE), DER HERRENSITZ VON JÁNOS PÁLFFY

**DIE GEHEIMNISVOLLE GRUFT**

Die Gruft des Grafen Pálffy zeigte in den letzten Jahren Merkmale eines Zersetzungsprozesses, der selbstverständlich auf natürliche Weise aufgeklärt werden konnte – man war ja bereits am Ende des 20. Jh. Aber Menschen sind eben nur Menschen und somit war der Beginn einer neuen Legende geboren.

Im Becken über der Flussterrasse der Neutra steht auf dem Felsen ein ständige Streitigkeiten hervorrufendes Objekt. Die Burg stand hier bereits 1110. Im 19. Jahrhundert, als János Pálffy zum Besitzer wurde, handelte es sich um einen aus mehreren Bauten bestehenden Komplex. Der Graf war vom Bauen besessen (dank dessen entstanden ja auch andere Objekte) und war auch als Sammler und Wohltäter bekannt. Als erfahrener Weltenbummler (durchreiste er einen beträchtlichen Teil der arabischen Welt

*Auf den Bildern:* Blick auf das Schloss, Inneres (sog. Gelber Salon und die Schlosskapelle)

und Gebiete von Afrika) bemühte er sich um originelle architektonische Gestaltung seiner Bauten und ein modernes Inneres, in dem die Prachtstücke von seinen Reisen auch Platz fanden. Er erstand soviel davon, dass er in Finanzprobleme geriet und sein Besitz unter Zwangsverwaltung kam.

1888 begann der Architekt Josef Hubert mit dem Umbau der Burg in ein Schloss im Stil der französischen Gotik – eine Art Märchenschloss, das sich in dem aus einem Wassergraben umgewandelten Teich spiegeln sollte.

Nach dem Ableben des Grafen im Jahre 1908 wurden die finanziellen Schwierigkeiten noch größer und 1938 musste der gesamte Herrschaftsbesitz von Weinitz

(Schloss, ca. 17 000 Hektar Land und Thermen unmittelbar neben dem Schloss) an die Baťa-Werke verkauft werden. Die wurden aber 1945 verstaatlicht. Weinitz hat davon profitiert, da in der Folgezeit viel vor allem in die Entwicklung der Thermalbäder investiert wurde.

Es werden hier Erkrankungen des Bewegungsapparates mit Erfolg behandelt, beliebt sind auch die Thermalbäder. In letzter Zeit wurde der Gespensterball im Mai immer populärer.

### DER WEINITZER ALTAR (BOJNICKÝ OLTÁR)

Ein bemerkenswertes und populär gewordenes Exponat des Schlosses ist der sog. „Italienische Altar" (ein 10-Tafelaltar von Nardo Orcagna, mit eigenem Namen di Cione) aus dem 14. Jh. Das Schicksal der Tafelbilder wirkt wie ein schlecht gelungener Witz der Kunstgeschichte. 1933 gestohlen, aber bald wieder gefunden, kamen sie zu Restaurierung nach Prag. Das Rad der Zeit drehte sich jedoch weiter und der Zweite Weltkrieg und die Nachkriegszeit ließ die Tafeln in Vergessenheit geraten. Erst in den 90 er Jahren der Teilung der Republik, kamen die Bilder nach 60 Jahren und zähen Verhandlungen nach Weinitz zurück. Dafür musste aber die Slowakische Galerie einige wertvolle Bilder als Ausgleich hergeben.

# DIE AUSBILDUNG DER JUGEND WAR WICHTIG

## PIARISTEN IN PRIWITZ (PRIEVIDZA), DAS SCHLOSS BRODZANY

### DIE PIARISTEN IN DER SLOWAKEI

Der Piaristenorden, gegründet von Papst Paul V. 1617 und bestätigt von Papst Gregor XV. 1621, hatte eine edle Mission – die Bildung von armen Jugendlichen. Dafür fand der Orden in der Slowakei gute Voraussetzungen. Und so befinden sich hier etliche Städte, wo Piaristenklöster bzw. Piaristenschulen waren. Im 17. Jh. entstanden so bis zu 16 Piaristenkollegien, von denen eines in Priwitz war.

*Linke Seite: Äußeres und Inneres von Brodzany*

*Gegenüberliegende Seite: Interieur der Piaristenschule in Priwitz oben, unten: Klíž*

Im Dorf Brodzany unweit der Industriestadt Baťovany (Partizánske) steht ein schönes Schloss mit deutlich hervortretenden Verteidigungstürmen. Im 17. Jahrhundert entstanden die ersten drei Flügel im Renaissancestil, Ende des 18. Jh. kam die Barockisierung zustande. Im 19. Jahrhundert wurde der abschließende vierte Flügel ergänzt und das ganze Bauwerk dem Renaissancestil angepasst. Es gehörte den Forgács, später anderen Adelsfamilien. 1844 wurde das Schloss Eigentum Gustav Vogels von Friesenhof. Seine erste Ehefrau war die Cousine der Gemahlin von A. S. Puschkin, seine zweite Frau des Dichters Schwester. Angesichts der ständigen Kontakte mit Russland war es ganz natürlich, dass das Schloss nach dem Zweiten Weltkrieg und der Enteignung zum Puschkin-Museum umgestaltet wurde.

Die Piaristenkirche der heiligen Dreifaltigkeit mit Kloster fällt durch einen besonderen Effekt auf. Die Gesamtkomposition des Säulenaltars aus dem 18. Jahrhundert mit dem Zentralbild der Maria Himmelfahrt enthält eine Öffnung, die direkt an ein kleines Fenster auf der Außenseite der Kirche grenzt. Dadurch entsteht der Eindruck, dass das einfallende Licht direkt aus dem in die Kirche blickenden Auge Gottes kommt. Der Hauptaltar, der an die Seitenaltare, die Deckenbemalung (*Bild rechts*) und die Taufschale anknüpft, stellt somit die Dominante der Kirche dar.

Alle diese Schönheiten sind aber nicht gerade bestens plaziert, schon wegen der alten Bäume, die das Dach der Piaristenkirche verdecken.

Dieser spätbarocke Bau entstand in den Jahren 1666–1753. Auf seiner Fassade ist eine Menge an Figuren zu finden, unter ihnen der hl. Sebastian, hl. Rochus und die Heilige Dreifaltigkeit vom bekannten Bildhauer Dionysos Stanetti. Über dem Seiteneingang ist eine Plastik der Schutzherrin Ungarns. Ein bemerkenswerter Bau!

Die anschließenden Bauten beherbergen ein Kloster und eine Schule (das sog. Kollegium), die aus derselben Zeit wie die Kirche stammen.

Erwähnenswert in Priwitz sind auch andere Objekte – die katholische Kirche aus dem Jahre 1260, im 15. Jahrhundert von den Karmelitern umgebaut, die Pfarrkirche des heiligen Bartholomäus mit alten Wandmalereien, die Marien- und Pestsäule. Auf dem Stadtplatz gibt es interessante klassizistische Gebäude auf älteren barocken Fundamenten.

## KLÍŽ

Die große Auswahl alter romanischer Bauten in der Slowakei überrascht immer wieder. Zwei Gründe sind verantwortlich: Erstens sind die meisten sehr klein und zweitens liegen sie außerhalb von größeren Zentren und ziemlich entfernt von den Hauptstraßen. So findet selten jemand den Weg zu der sehr kleinen romanischen Herrschaftskirche aus dem 12. Jh. mit ihrem Rundturm, der zugleich der Zugang zur Herrschaftsempore ist. Seine Achse ist verschoben, was eine besondere Spannung herstellt.

# DAS VIELE GOLD UNTER DEM PLATZ

## DIE KÖNIGLICHE FREISTADT KREMNITZ
### (KREMNICA)

### DIE RÖMISCH-KATHOLISCHE KATHARINEN-KIRCHE

mit dem hohen schlanken Turm, verbunden mit dem Zentrum der Burg, ist weithin sichtbar. Die Burgkirche entstand als zweischiffige gotische Hallenkirche zu Beginn des 13. Jh. Wegen Feuer- und Bergsenkungsschäden mussten öfters Erneuerungen durchgeführt werden, wobei es auch zur Barockisierung und Regotisierung kam. Ihre Altäre sind neugotisch vom Ende des 19. Jh. Aber auf einem Seitenaltar steht eine ganz hervorragende Madonna aus der Zeit vor 1500. Drei wirkungsvolle Barockplastiken stammen aus der abgerissenen Ringkirche, so auch das Taufbecken. Der heutige Zustand der Kirche geht auf die Regotisierung im 19. Jh. zurück.

Der Berg unter der Kremnitzer Burg und der Burgkirche der hl. Katharina war relativ steil, daher konnte dort keine Zentralanlage entstehen. Trotzdem gelang es, einen fast viereckigen Platz zu planen, der Grundlage eines Häuserkomplexes und schließlich einer der schönsten Stadtplätze in der Slowakei wurde. Der eindrucksvollste Blick auf den Platz bietet sich von seiner südwestlichen Ecke, von wo die hohe Pestsäule (Dreifaltigkeitssäule) und der ganze in Richtung Nordosten ansteigende Platz mit den bedeutenden Häusern sowie dem Burgkomplex mit der Kirche der hl. Katharina zu übersehen sind.

Viele Häuser sind mit ihren Fassaden

dem Platz zugekehrt, der Platz selbst wurde mehrmals umgebaut. Der größte Umbau begann im Jahre 1880 und dauerte mit Pausen fast zwanzig Jahre – dabei wurde die Marienkirche beseitigt.

Die erwähnte Kirche wurde noch vor dem Jahr 1393 erbaut, danach erweitert, bis schließlich ein großer Barockbau entstand. Über dem niedrigen Dach ragten zwei Türme nur wenig über dessen Höhe. Im Jahr 1879 wurde sie infolge des Einsturzes verwahrloster Stollen unter dem Platz erheblich beschädigt und geschlossen. Der Verdacht, dass ihr Abriss gerade gelegen kam, da man so hohe Renovierungskosten sparte, bestätigte sich nicht.

Der Kremnitzer Platz ist somit der einzige in der Slowakei, auf dem im Laufe der Jahre keine weiteren Bauwerke entstanden,

sondern solche, die sogar weniger wurden. Aber das war nicht die einzige Veränderung betreffend die mittelalterliche Verbauung des Platzes. Ein Brand Ende des Zweiten Weltkriegs hatte den Umbau der ganzen Nordseite zur Folge. Beim Neuaufbau wurde auf die historische Umgebung Rücksicht genommen.

Große Bedeutung erlangte die Stadt 1335, als mit der Prägung der Kremnitzer Dukaten begonnen wurde. Bis 1919 dienten sie als wertvolles Zahlungsmittel. Die Münzanstalt ist bis heute in Betrieb.

Das Prestige der Stadt wuchs im Laufe der Geschichte auch dank der Goldförderung, die mit bestimmten Unterbrechungen fast bis heute erhalten blieb.

*Zentralbild: Kremnitzer Burg*

*Oben: Rathaus auf dem Kremnitzer Marktplatz*

*Unten: Blick auf die Stadt vom Burgareal aus*

# DER HÖHEPUNKT DER VOLKSTÜMLICHEN SCHNITZEREI

## DIE HOLZKREUZE VON DETVA

**HOCH AUFGERICHTET
UND WILD...**

Die 1458 m hohe Pol'ana
über Detva ist ein sich
imposant erhebendes
Bergmassiv. In der slowa-
kischen Poesie wird sie oft
besungen und sie ist ein
wertvolles Naturschutz-
gebiet. Wenigen jedoch ist
bekannt, dass es sich um
den besterhaltenen,
allerdings nicht mehr
tätigen, Vulkan der Tertiärzeit dieser Gegend handelt.

Detva ist eine Gemeinde mit zwei gegen-
sätzlichen Gesichtern – nicht weit von
einem nach dem Zweiten Weltkrieg erbauten Industriezentrum im Tal der Gran liegt
abseits ein Dorf mit echtem ländlichen Charakter. Es entstand als Dorf von Bergleuten
und Hüttenarbeitern im nahe gelegenen Li-
bethen (Ľubietová). Detva besitzt einen auf
seine Art einzigartigen Stil.

Typisch für dieses Land sind die weit verstreuten kleinen Scheunen, in die früher
Heu eingefahren wurde. Die Giebel (infolge

von Bränden gibt es nur wenige) sind häufig mit einem Sonnensymbol verziert, auch die Tore sind kunstvoll gestaltet.

Das alles ist aber nur der Anfang, die echte Schönheit ist erst auf dem Friedhof mit einer Menge geschnitzter und bemalter Holzkreuze zu finden (*Zentralbild*). Es ist Brauch, das Kreuz schon beim Begräbnis auf den Friedhof mitzubringen. Auch anderswo versuchte man, geschnitzte Kreuze nachzuahmen, die aus Detva sind jedoch in Form und Farbe einzigartig.

Nicht nur die Architektur und die Kreuze verleihen Detva ihre Eigenart, es ist auch die Herstellung von Schalmeien und die als „Stickerei aus Detva" bekannten Handarbeiten.

## ALTSOHL (ZVOLEN)

Da die ersten Besiedlungen nicht in den Niederungen, sondern in den höher gelegenen Regionen erfolgten, entstand das heutige Schloss im frühen 14. Jh. im gotischen Stil. Aber nur selten kommt jemand heute zu den abgelegenen Burgruinenresten mit dem bezeichnenden Namen Wüste Burg (Pustý hrad). Die niedrige Besucherzahl hängt sicher nicht mit dem Aberglauben an den Burgspuk zusammen: Ihre Ruhe können angeblich zwei Menschen nicht finden – ein unglücklicher Fischer, der seine Tochter ungewollt ums Leben brachte, und der Burgherr, der dieses Mädchen hoffnungslos liebte. Die Dominante der Stadt ist die Burg (*Bild oben*). Sie wurde mehrmals umgebaut und in der Zeit der Türkengefahr wurde sie zur Festung. Dafür zuständig war derselbe Meister, der die Hauptkirche in Schemnitz zur Festung umbaute. So kam die Altsohler Burg zu den charakteristischen Ecktürmen. Da die barocken Anbauten wieder beseitigt wurden, erhielten sich an der Burg die typischen Renaissancemerkmale. Am wertvollsten ist die Kassettendecke im Rittersaal, die in 48 Feldern die römisch-deutschen Kaiser zeigen. Der letzte ist Karl VI.

# FRÖHLICHE AUSSICHT AUF DAS LEBEN NACH DEM TODE

## DIE GESICHTER AUF DEM ALTAR IN OČOVÁ

**MATHIAS BEL (1684–1749)**

Er war einer der größten Gelehrten seiner Zeit und stammte aus Očová. Als Protestant studierte er in renommierten Zentren der Reformation u.a. in Halle. Er war der Autor eines umfangreichen enzyklopädischen Werkes über Ungarn, war ein bedeutender Historiker und Kartograph (sein größtes Werk war „Notitia Hungariae novae historico-geographica"), und sah sich selbst als Angehöriger eines multinationalen Raumes – „... lingua Slavus, natione Hungarus, eruditione Germanus..." Slowake ungarischer Nationalität und deutscher Wissenschaftler.

Nur wenige Besucher machen sich auf den Weg nach dem abgelegenen Ort Očová, in dessen römisch-katholischer Kirche Allerheiligen der Altar mit dem Thema Marias Tod bewundert werden kann. Das Werk entstand um 1515 und der Autor ist wahrscheinlich Meister Paul aus Leutschau.

Jedes Gesicht hat etwas Charakteristisches, Persönliches. Und alle Figuren haben eine eigene Frisur! Wenn wir die Szene näher betrachten, sehen wir, dass jede der Figuren anderswohin blickt. Im Unterschied zu anderen Szenen von Marias Tod ist weder Schmerz noch tiefe Trauer zu sehen, eher Anzeichen von Freude über den nahenden Beginn des ewigen Lebens. Der Künstler konzentrierte sich offensichtlich auf die Vielfalt mimischer Ausdrücke – der Altar führt eine Vielzahl an Personen zusammen.

*Auf den Bildern* sind Aufnahmen aus der Kirche in Očová –
*rechts: Maria-Tod-Altar*
*links: Ein Detail davon*

*Unten: Fresken der Kirche*

# EINE MODERNE STADT IM KLEID DES MITTELALTERS

## NEUSOHL (BANSKÁ BYSTRICA)

### DIE STADTBURG UND DER MARKTPLATZ

Am nordöstlichen Stadtrand blieb die Stadtbefestigung erhalten. Dazu gehören die Stadtburg (*Bild unten,* Turm links von der Säule) und die ihr anliegenden weiteren Bauten mit Festungscharakter – die Marienkirche, weiter die „Slowakische Kirche" (Heiligen-Kreuz-Kirche) das Mathiashaus, das Rathaus und die Barbakane. Der lang gestreckte spindelförmige Marktplatz gehört zu den repräsentativsten und schönsten Plätzen der Slowakei, wo die meisten Bauten noch an die Blütezeit der Stadt, während der prosperierenden Thurzo-Fuggerschen Gesellschaft erinnern. Auch der große Humanist Hans Dernschwam hatte hier, links vom Uhrturm sein Haus.

In dieser geschäftigen Stadt gibt es einen der schönsten Zeugen des Mittelalters, ein eindrucksvolles spätgotisches Schmuckstück in der dunklen Kapelle der hl. Barbara in der römisch-katholischen Kirche Mutter Marias (*Bild rechts*), die seinerzeit auch „Deutsche Kirche" genannt wurde. Das Schmuckstück ist ein Altar der hl. Barbara, etwas außerhalb des Blickwinkels des Besuchers, in der Gruppe der vierzehn Nothelfer. Derjenige, der sich jedoch die als drei Damen dargestellten Heiligen – die hl. Barbara mit Turm, die hl. Katharina mit Schwert und die hl. Margarete mit Drachen – ansieht, muss vom Anmut dieser Mädchenfiguren überwältigt sein. Meister Paul aus Leutschau gelangen hier einzigartige und äußerst eindrucksvolle Statuen. Jede einzelne besitzt detaillierte Gesichtszüge. Der Heilige Hieronymus im Altarschrein ent-

stand bereits unter Renaissanceeinfluss, was das realistisch ausgearbeitete Gesicht und die das Buch haltenden Hände bezeugen. Die Madonna und „Barbara aus dem Altarschrein" stammen vom Meister der Gestalten von Kabsdorf (Hrabušice).

Die Kirche selbst gehört zu den schönsten und interessantesten in der Slowakei – von außen her ist die Gotik unübersehbar, im Innenbereich bezaubert der Barockstil in Spitzenausführung. Viele Details entstanden dank der Großzügigkeit reicher Bergbauunternehmer.

In der Außenkapelle steht eine wertvolle Figurengruppe Christus auf dem Ölberg. Der ins Gebet vertiefte Christus steht inmitten fruchtbaren Landes vor der Stadt – es ist Neusohl.

Als einzige der bedeutenden Bergbaustädte hatte das ehemals „kupferne" Neusohl eine ausgezeichnete Lage, dank der es

*Rechts: Hauptplatz von Neusohl*

## MUSEUM DES SLOWAKISCHEN NATIONALAUFSTANDES (SNP)

An der Stadtbefestigung steht ein sehr interessanter Bau als Erinnerung an den Slowakischen Nationalaufstand. Es ist ein architektonisches Werk von Dušan Kuzma. Was soll dieser gespaltene unregelmäßige Kegel darstellen? Den Zerfall der Welt in zwei Lager oder ihren Weg zur Vereinigung?

gelang, die anderen Städte wirtschaftlich und auch in der Einwohnerzahl zu übertreffen. Während andere Bergbaustädte um die 10 000 Einwohner zählen, hat Neusohl über 80 000. Der hiesige Rummel ähnelt der Geschäftigkeit einer Großstadt.

*Oben: Rathaus und Marienkirche*

75

# UNGEWÖHNLICHE ALTARSZENEN



## DIE ALTÄRE VON SACHSENDORF (SÁSOVÁ)

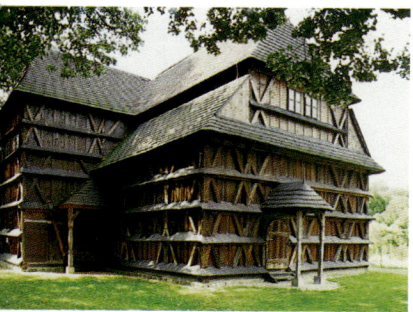

HRONSEK

Die nur aus Holz errichtete sehr originelle Artikularkirche gehört zu den ganz wenigen noch erhalten gebliebenen Kirchen dieser Art. Sie ist die Einzige, die nur eine Innenverschalung besitzt, sodass die tragenden Fachwerkkonstruktionen außen sichtbar sind. Dieser Kirche, gebaut 1725–28, wurde ausnahmsweise ein massives Fundament erlaubt. Im Grundriss entspricht sie nicht ganz der Form des griechischen Kreuzes, da das Querschiff kürzer ist als das Langschiff. Die 1771 von Samuel Mialovič gemalten 7 Altarbilder zeigen den Ablauf des Kirchenjahres. Der freistehende hölzerne Glockenturm, einer der schönsten seiner Art (kommt öfter auf Briefmarken vor), wurde erst nach Fertigstellung der Kirche errichtet. Ebenfalls eine Ausnahme.

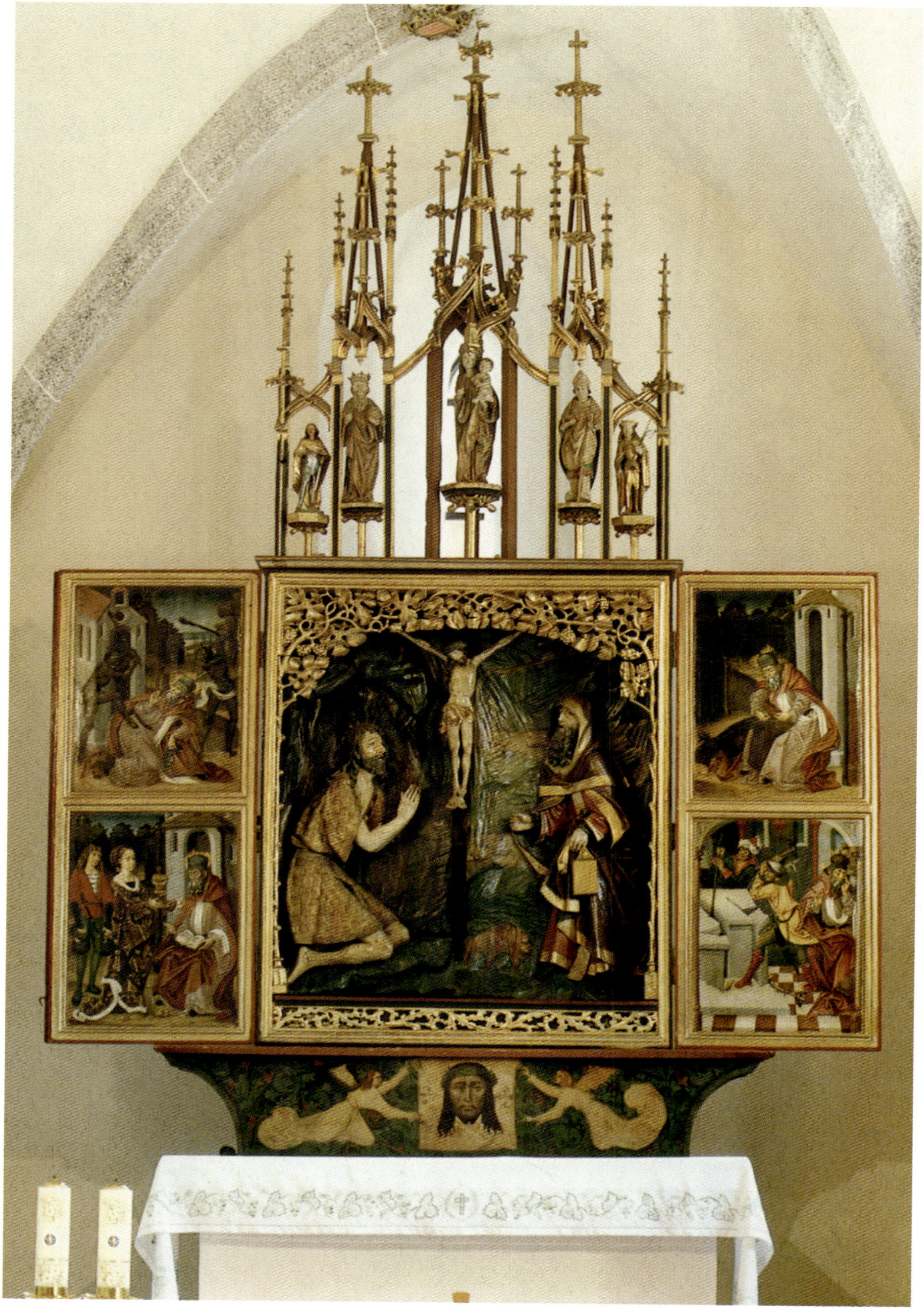

Jeder der fünfzehn Ortsteile von Neusohl entzückt durch die ursprünglichen geografischen Bezeichnungen. Das gilt auch für Sachsendorf (Sásová), das auch sonst interessant ist. In der später umgebauten gotischen Kirche aus dem 14. Jahrhundert gibt es vieles zu bewundern. Es dauerte ziemlich lange, bis der Altar mit dem „hl. Anton, dem Einsiedler" und dem „hl. Paul, dem Einsiedler" (Bild Mitte) sowie der Altar der hl. Helene (die das Kreuz Christi fand) und des hl. Ägidius einigermaßen bekannt wurden.

Bezauberung rufen die beiden herausragenden Altäre (der erste aus d. Jahr 1500, der zweite aus d. Jahr 1510) nicht nur durch die außergewöhnlichen Motive (die melodramatische Einsiedlerlegende gehörte hier nicht zu den am meisten überlieferten), sondern vor allem in der Dramatik der Darstellung und der Perfektion bei der Herausarbeitung der Hauptgestalten hervor. Die Altäre entstanden in der Werkstatt Meister Pauls aus Leutschau, der Charakter der Figuren deutet darauf hin, dass es seine eigene Arbeit war, bzw. die des Schnitzers der Kabsdorfer Figuren. Das Relief im Schrein des erstgenannten Altars stellt einen realistisch gestalteten, in der Höhle ins Beten vertieften „Paul, den Einsiedler" im Augenblick der Zusammenkunft mit „Anton, dem Einsiedler" dar. Auf acht Tafeln des Flügelaltars sind Szenen aus dem Leben beider Protagonisten zu bewundern. Sie entstanden in der Werkstatt des Malers Nikolaus aus Leutschau. Auf dem zweiten Altar befindet sich eine reliefartige Darstellung von Helene und Ägidius. Auch hier sind auf den Altarflügeln acht Tafelmalereien zu finden. Sie stammen von einem unbekannten Maler, äußerst eindrucksvoll ist aber die Statue des hl. Sebastian, die wahrscheinlich von Meister Paul selbst geschnitzt wurde. Der hl. Sebastian war zu der Zeit eine beliebte Gestalt, deren Kult jenen des David, Georg und Tobias folgte. Vorher wurde er oft mit wehendem Haar dargestellt. Hier ist er zwar zurechtgemacht, ein neues Element ist jedoch der Lendenschurz, der nur einen Teil seines nackten Körpers bedeckt. Die Gestalt hat keinen Hintergrund und wirkt wie ein gebogener Baum. Es ist ein hervorragendes Beispiel eines realistischen Aktes und der Verherrlichung des Körpers.

# KATHOLIKEN UND PROTESTANTEN TEILEN SICH EINE KIRCHE



## DIE KIRCHE VON ČERÍN

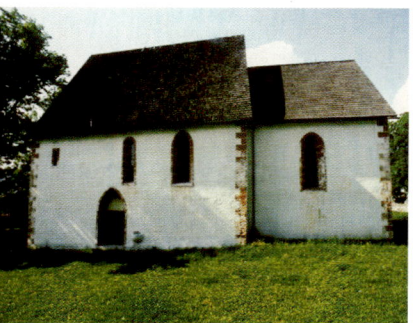

PONIKY

Während der gotische Flügelaltar von Čerín (seine Plastiken gehören zu den besten in der Slowakei) ins Budapester Museum wanderte, fielen die Originalstücke des gotischen Altars in Poniky (*oben*) den Dieben der Neuzeit zum Opfer. Dieser Altar aus dem Jahr 1512 wird dem Kreis um Meister Paul aus Leutschau zugeschrieben (etwas gewagte Behauptung). Angesichts des Wertes und der Mittel der Darstellung ist die Frage nach dem Autor überhaupt nicht wichtig. Der Innenbereich der 1310 erbauten Kirche mit flacher Holzdecke ist heute in seiner Ursprungsform zu bewundern, da infolge des Umbaus das Barockgewölbe und spätere Ergänzungen beseitigt wurden. Dadurch sind auch die schönen Gemälde vom Ende des 14. Jahrhunderts im Dachbodenbereich sichtbar geworden. Großes Interesse weckt neben dem Baum des Lebens auch das wohl selten verwendete religiöse Motiv des Kampfes um die Seelen der Verstorbenen.

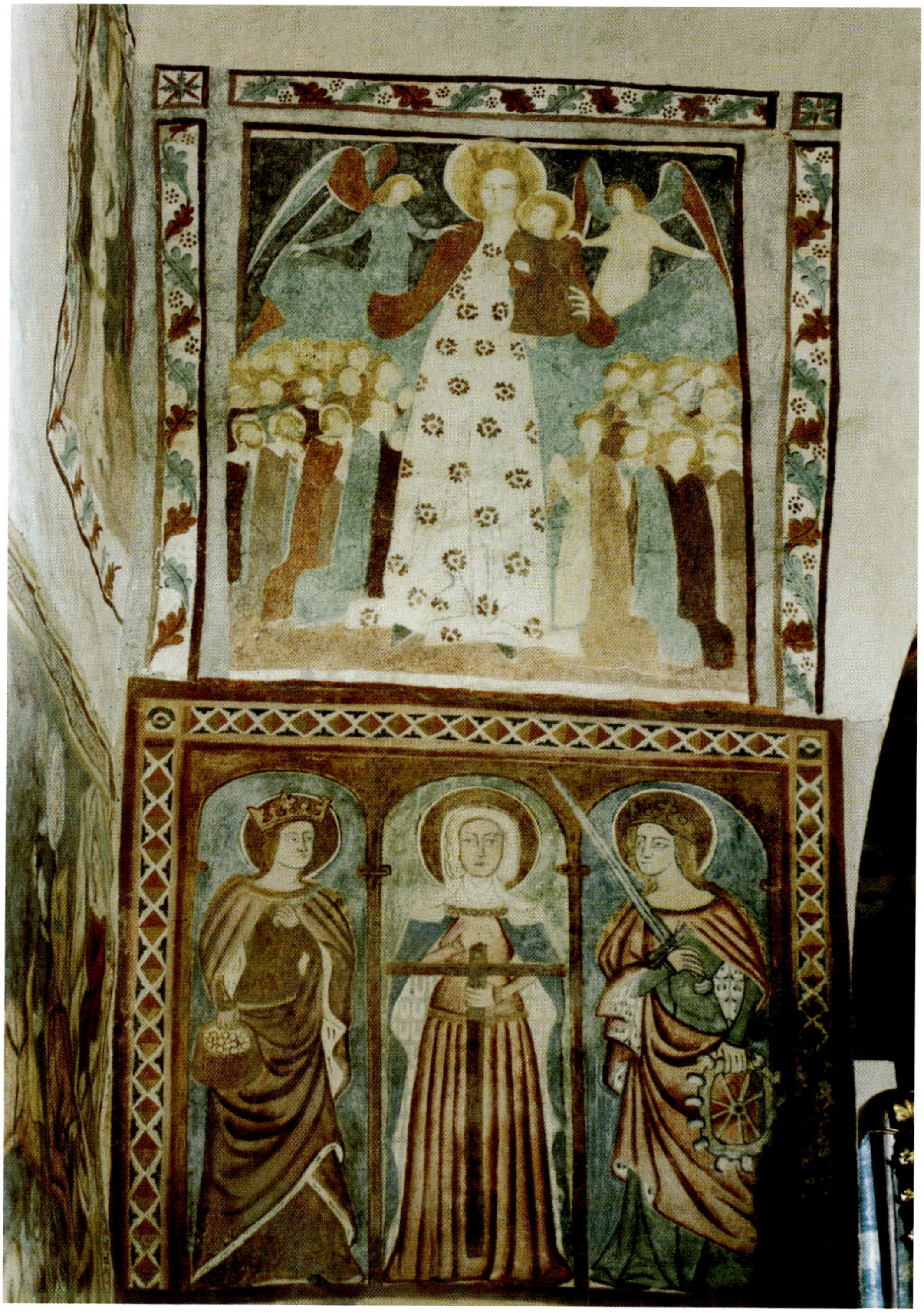

In der ehemaligen Bergbaugegend südöstlich von Neusohl stehen Kirchen auf
Hügeln, wohin sogar heute keine Straße
führt. Priester und Gläubige mussten den
kürzeren oder längeren Weg zu Fuß zur Kirche zurücklegen. Eine örtliche Rarität in den
Gemeinden ohne Kirche sind Glockentürme
beider Konfessionen, von denen aus die
Leute in die Kirche und zu Gottesdiensten
gerufen werden. In Čerín gibt es einen evangelischen Glockenturm mit Holzverkleidung
– er steht verlassen oberhalb des Dorfes –
während der Fachwerkbau des katholischen
gleich neben der Kirche zu finden ist, der
beiden Konfessionen dient (*oberes Bild*).

In der befestigten Kirche des hl. Martin in
Čerín, vom Beginn des 14. Jahrhunderts
stammend, gibt es herrliche und interessante große Wandgemälde. Weitere Fresken sind noch unter dem Putz. In gotischen
Kirchen volkstümlichen Typs werden Fresken auch als „libri pauperum" – Bücher der
Armen bezeichnet, da sie die Kirchenlehren
gut veranschaulichen. Die, die zu sehen
sind, stammen vom Ende des 14. und Anfang des 15. Jahrhunderts und befassen
sich mit dem Leben Christi und dem Jüngsten Gericht. Ein unbekannter Künstler, ge-

nannt als Meister der Čeríner Wandmalereien, begriff, dass er in die Komposition
seiner Bilder auch den Raum als Bestandteil
architektonischer Elemente aufnehmen muss.
Nach seinen Malereien dürfte er auch die
zeitgenössischen italienischen Meister gekannt haben.

Im Budapester Museum können heute die
Gestalten des gotischen Flügelaltars von Čerín bewundert werden. Diese Plastiken sind
eine der schönsten Werke ihrer Art aus dem
Gebiet der Slowakei.

### ZOLNÁ

Sehr ungewöhnlich ist der
Blick auf diese in Mauern
verschanzte Kirche, die viel
durchhalten musste; sie
entstand wohl schon Mitte
des 13. Jh. An der Kirche,
bei der mehrere Baustile
einander abwechselten,
hinterließ die Zeit ihre
Spuren. (Sie wird z.Z.
renoviert.)

# ALLES DANK
# DES KUPFERS

## DIE EIGENHEITEN VON HERRENGRUND
## (ŠPANIA DOLINA) UND DONOVALY

**ALTGEBIRG (STARÉ HORY)**

Der Grund, warum der
hiesige Kalvarienberg (eine
Kirche Basilica Minor) zu
einem der traditionellen
Wallfahrtsorte in der
Mittelslowakei wurde, ist die
wertvolle Statuette der
Madonna in Altgebirg, die
etwa aus dem Jahr 1470
stammt. Zum Wallfahrtsort
wurde das aus fünf Sied-
lungen bestehende Dorf
im 17. Jahrhundert.

Obwohl die Köhlersiedlungen in Donovaly und die Förderstätten von Kupfer samt Hütten nördlich von Neusohl –
Herrengrund und Altgebirg – ziemlich weit
voneinander entfernt waren, so waren sie
im Mittelalter doch durch Zusammengehörigkeit und gegenseitige Abhängigkeit verbunden. Ohne die Herstellung von Holzkohle

hätte sich die Produktion von Kupfer, das
gefragt war, nicht weiter entwickeln können.
Förderung und Verkauf hatten die Familien
der Thurzos und Fuggers unter Kontrolle.
Dank dieses Geschäftes war den Köhlern
die schlimmste Armut erspart worden.
Ohne sie wären wiederum in Donovaly keine großen gerodeten Gebiete entstanden

(*zentrales Bild*), die bereits seit Jahrzehnten ein ideales Skigebiet sind.

In gewissem Sinne ist Donovaly von den früheren Kupferorten heute entfernter als zuvor – nur die Vergangenheit verbindet sie. Auf dem Pass in 1000 m Seehöhe entstand ein bedeutendes Zentrum des Skisports. Zwischen den Neubauten sind noch zahlreiche Häuser früherer Köhler mit ihren verglasten Veranden zu sehen. Dieser Baustil stammt aus ihrer Heimat (Deutschland), in der Slowakei fand er keine Verbreitung.

Anders als Donovaly liegt der Bergbauort Herrengrund etwas abseits in den Bergen. Heute leben hier nur rund 140 Leute, in der Blütezeit waren hier über 2000 Einwohner. Nachdem die Förderung eingestellt wurde, konnten noch kleinere Mengen Metall aus den riesigen Halden gewonnen werden. Da-

mals nahm hier die Herstellung geklöppelter Spitzen ihren Anfang, ihren guten Namen behielt sie bis heute.

Als noch im Mittelalter die Förderung mechanisiert wurde und die Maschinen mehr Energie, damals Wasser, benötigten, wurde das Hammerwerk in Herrengrund mit dem über eine Wasserleitung von den Quellen von Donovaly zugeführten Wasser betrieben, später wurde das Wasser am Berg Prašivá gesammelt. Die Leitung mass 33 km und ähnelte den Wasserleitungen in den Alpenregionen, von wo auch die Experten für diese Technik stammten. Dazu gibt es auch Sagen – unter ihnen eine über den Verurteilten, der sich durch den Bau sein Leben erkaufte.

Für edlere Flüssigkeiten als Wasser gab es auch andere Gefäße – die sog. Herrengründer Goldbecher. Ihrer Herstellung ging eine sensationelle Entdeckung voraus, wonach das kupferhaltige aus den Stollen quellende Wasser die Eigenschaft besitzt, eingetauchtes Eisen mit einer Kupferschicht zu bedecken. Auf manchen Gläsern, Tassen und Dosen aus Herrengrund ist auch noch eine Inschrift über dieses „Wunder" zu lesen.

An einem Ort, wo drei enge und mit steilen Bergen umgebene Täler zusammenkommen, konnte nur ein kleiner Markt entstehen. Es steht hier eine Klopferin (ein Renaissancebau aus dem 16. Jh., *Bild oben*). Die Kirche ist vom Platz aus nur über eine überdachte hölzerne Treppe mit 140 Stufen erreichbar.

*Skigelände in Donovaly*

# IM JAHR 179 WAR HIER EIN RÖMISCHES LAGER

## DER BERÜHMTE FELSEN DER TRENTSCHINER BURG (TRENČÍN)

### SKALKA

Ein Stück nördlich von Trentschin hinter dem Waagtal steht auf einem bewaldeten Hügel ein weißes Gebäude. Die Ortschaft, zu der es gehört, heißt Skalka und besteht aus Veľká (Große) Skalka und Malá (Kleine) Skalka. In beiden gibt es interessante sakrale Objekte – in Veľká Skalka steht das erwähnte Gebäude – ein Kloster der früheren Abtei (*Bild oben*). Anfangs war es eine Höhle, wo Einsiedler Andreas und Benedikt der Märtyrer im 11. Jahrhundert lebten. Als Andenken an diese Mönche, die wie Heilige verehrt wurden, erbaute man im 12. Jahrhundert die erste Kirche und ein Kloster. Nach den Wirren einiger Jahrhunderte renovierten im 17. Jahrhundert die Jesuiten die Kirche und bauten ein neues Kloster. Nach der Auflösung des Jesuitenordens verwahrloste jedoch das Objekt zunehmend. Heute gibt es nur mehr Ruinen, die beschädigte Kirche wurde jedoch Mitte des 19. Jahrhunderts vollends restauriert.

Vom Feldzug gegen die in diesen Ländern ansässigen Quaden blieb eine auf dem Felsen der Trentschiner Burg von den siegreichen Römern eingravierte geheimnisvolle Inschrift. Sie ist äußerst interessant – nicht sosehr inhaltlich, sondern durch die Umstände ihrer Entdeckung und deren Bedeutung.

Sie wurde erst 1852 entdeckt, als hinter dem Hotel Tatra die Bäume gefällt wurden. Die Inschrift (*Bild rechts oben*) ist heutzutage eine Attraktion des Hotels und ist von der Treppe gut sichtbar. Sie sieht wie folgt aus:

VICTORIAE
AVGVSTORV (m)
EXERCIT(v)S QVI LAV
GARICIONE SEDIT MIL(ites)
L(egionis) II DCCCLV
(Marcus Valerius) MAXIMIANVS
LEG(atus) LEG(ionis) II
AD(iuticis) CVR(avit) F(aciendum).

(Die Großbuchstaben entsprechen dem Original. Ergänzungen sind in Klammern klein geschrieben.)

Die Buchstaben, damals teilweise unleserlich und später eher aufgrund von Mutmaßungen ergänzt, führten seinerzeit zu einem über die Grenzen reichenden wissenschaftlichen Streit.

Die Inschrift teilt kurz mit, dass sie zu Ehren des siegreichen Kaisers und der 855 Soldaten der zweiten Legion von Marcus Valerius Maximianus, dem Legaten der zweiten Hilfslegion, eingraviert wurde. Sie ist ein auf ihre Art seltenes Dokument. Obwohl bereits früher bekannt, wurde sie später (bis zur Beseitigung der Bäume) vergessen.

Theodor Mommsen (ein deutscher Fachmann für Epigraphie) hielt sie zuerst für unecht, später bestätigte er aber die Echtheit. Es gibt auch andere Auslegungen mit einem anderen Legaten, Maximianus wurde jedoch später bestätigt.

An der Stelle einer älteren Burgstätte auf einem steilen Felsen entstand bereits Anfang des 11. Jahrhunderts eine königliche Schutzburg, die allmählich erweitert wurde, sodass sie schließlich zu einer der größten Burgen im damaligen Europa wurde.

Den 30 m hohen Turm mit herrlicher

Aussicht ließ der Feudalherr Mathias Csák, der Anfang des 14. Jahrhunderts weite Gebiete der Westslowakei beherrschte, erbauen. Nach seinem Tode wurde die Burg wieder königlicher Besitz. König Sigismund ließ hier einen Palast für seine zweite Ehefrau Barbara bauen. Über die Burg werden viele Geschichten erzählt, die wenig mit Geschichte zu tun haben, zum Beispiel die über den 79 Meter tiefen „Brunnen der Liebe", der irgendwann zwischen 1526 und 1570 gebaut wurde, angeblich vom türkischen Händler Omar, um dadurch seine Geliebte Fatima zu befreien.

Häufige Brände und die Zeit nagten an der Burg, die schließlich zur Ruine wurde. Ab 1900 wurde sie renoviert, nach dem 2. Weltkrieg wurde die Erneuerung fortgesetzt.

## REFEKTORIUM

Interessant ist die Verzierung der Decke im Refektorium des früheren Piaristenklosters und der ehemaligen Klosterapotheke. Eindrucksvoll ist das Tonnengewölbe, das von seitlichen Kappen durchdrungen ist. Im Kloster ist die Galerie des M. A. Bazovský untergebracht.

## SYNAGOGE

Obwohl die jüdischen Einwohner, ähnlich wie die Deutschen ein Teil der ethnischen Vielfalt in der Slowakei waren, sind sie im Laufe des Zweiten Weltkrieges gewaltsam entfernt worden. Ihre Tempel waren dem Verfall geweiht. Sofern es keine andere Verwendung für sie gab, wurden sie niedergerissen und aus den Stadtplänen ausradiert. Heute werden nur wenige für sakrale Zwecke verwendet. Zu den Synagogen, die für kulturelle Zwecke genutzt werden, gehört auch jene in Trentschin im orientalischen Stil aus dem Jahr 1911.

*Oben: Die Trentschiner Inschrift*

*Unten: Die Trentschiner Burg und die römisch-katholische Pfarrkirche*

# ORIENTALES BAD IM GRÜNEN

## DAS KURHAUS HAMMAN IN TRENTSCHINTEPLITZ (TRENČIANSKE TEPLICE)

### PRUSKAU (PRUSKÉ)

In der römisch-katholischen Pfarrkirche des hl. Petrus und Paulus in Pruskau ist eine relativ seltene architektonische Gestaltung der Kanzel zu sehen, die das Schiff von Petrus – das Symbol der Kirche – darstellt (*Bild oben*). Über dem Eingang in die Kirche aus dem Jahr 1780 steht ein Andenken an die Wohltäter dieses Gotteshauses – Graf Xaver Königsegg und Sidonie Eszterházy. Der Königseggfamilie gehörte bis 1945 ein weites Gebiet zwischen Ilava und den Weißen Karpaten. Als Ilava an Maria Theresia verkauft wurde, die im dortigen Schloss ein Zuchthaus errichten ließ, war das Schloss in Pruskau der Hauptsitz der Familie. Ein weiterer Sitz war das Schlösschen im nahen Bohunice. Im großen Park befindet sich ein Mausoleum für Familienmitglieder.

Der Architekt Franz Schmoranz, der im Jahre 1888 das Badehaus Hamman (sog. „Türkenbad"; *Bild unten*) entwarf, kannte wahrscheinlich die Alhambra von Cordoba, da er maurischarabische und ähnliche orientalische Elemente in seinem Werk mit Bravour anwendete. So gelang es ihm, dass das wenige ins Kurhaus einfallende Licht eine bläuliche Schattierung hat, was dem Innenbereich eine mystische Atmosphäre verleiht.

Als dieses Kurhaus vollendet wurde, setzte die erste Konjunktur dieses Kurortes ein, der zwar nicht den Heilwirkungen von Pistyan gleichkam, trotzdem jedoch rasch bekannt und häufig besucht wurde. Besucher waren vor allem Patienten mit leichteren Erkrankungen des Bewegungsapparates, Rheumatiker und Leute nach Unfällen. Ihren Aufschwung verdankt dieses „Bad Ischl" des Ostens der Wiener Bänkerfamilie Sina. Als der Kurort von Vater Sina 1835 gekauft wurde, begann er den Komfort auf internationalem Niveau einzuführen.

Die Mineralquellen – es sind Schwefel-, Magnesium- und Kalziumquellen – besitzen heilende Wirkungen und haben um die 40 °C. Manche werden direkt in Schwimmbäder geleitet.

Dieser Ort mit herrlicher Landschaft wird heutzutage auch von Urlaubern ohne Probleme mit dem Bewegungsapparat besucht. Der weitläufige Kurpark im englischen Stil mit einem Schwanenteich, eine Vielzahl von Wanderpfaden im Waldpark, ein öffentliches Thermenbad – Zelená žaba (Grüner Frosch) und sehr gut hergerichtete Tennisplätze bieten rüstigeren Besuchern auch Möglichkeiten sportlicher Betätigung. Dazu gibt es ein reiches Angebot musikalischer Darbietungen, die die höchsten Ansprüche zufriedenstellen.

Eine Attraktion sind auch die slowakischen Filmfestspiele, von denen die Tafeln mit Künstlernamen auf der Brücke des Ruhmes zeugen.

## VRŠATEC

In der malerischen Natur der felsigen Weißen Karpaten, in der Gegend der blendend weißen Klippen, steht ein unzugänglicher Felsen mit einer Ruine. Es ist die Burg in einer der exponiertesten Lagen in der Slowakei, 1680 auf Befehl Leopolds I. niedergebrannt. Sie wurde zwar renoviert, 1700 brannte sie erneut aus und verwahrloste zunehmend. Die letzten Besitzer waren die Königseggs. Heute wirken die Ruinen als Fortsetzung der Kalksteinklippen. Das Bild zeigt eine Ansicht.

## BURG LEDNICA

Die Ruinen der wild romantisch wirkenden dreistöckigen Burg Lednica sind der nördliche Nachbar der Ruinen der Königsegger Burg auf Vršatec. Lednica gehörte der Glasmacherfamilie Schreiber. In den mittleren Teil führt ein in den Fels gegrabener Tunnel und der Wachturm ist über eine steile in den Fels gemeißelte Treppe zu erreichen. Über der Schlucht steht ein Kreuz zum Andenken an eine gewisse unglückliche Katarina, die aus dem Fenster in die Schlucht sprang, um so dem Burgherren das Recht der ersten Nacht zu verweigern.

# UNENDLICHE LUSTBARKEITEN IM HOCHZEITSPALAIS

## AUF DEM SCHLOSS IN GROSS-BITSCH
### (BYTČA)

**MANINSCHLUCHT (MANÍNSKA TIESŇAVA)**

In dieser wilden Karstlandschaft mit vielerlei Klippen und Felswänden mit reichhaltig vorkommender Flora konnte man nur auf einem engen Pfad vorankommen, stellenweise durch einen nur 1,5–2,5 m breiten Pass. Für den Bau einer 5 Meter breiten Straße wurde Sprengstoff benötigt. Reichhaltige Kiesvorkommen gewährten den örtlichen Bewohnern geeignetes Baumaterial. Die „Selbstbedienung" endete erst, als die Gegend zum Naturschutzgebiet erklärt wurde.

Anlässlich der Hochzeit seiner Tochter Judith ließ Georg Thurzo 1601 direkt neben dem Schloss einen Hochzeitspalast – ein Blockgebäude im italienischen Stil mit herrlichem Portal, Fassaden und großzügig eingerichtetem Festsaal – errichten. Man feierte bis zur Geburt des ersten Kindes und spekulierte später, ob die Vergnügungen tatsächlich die übliche Zeit – also an die neun Monate – gedauert hätten, oder ob das Kind schon früher zur Welt gekommen war.

Noch eine Sache aus dem 17. Jahrhundert verdient Interesse: 1611 stand hier Elisabeth Báthory – die blutige Herrin von Schächtitz vor Gericht. Ihre Helfer wurden gerade hier zum Tode verurteilt und auf dem Schlosshof hingerichtet. Sie selbstentging dem Todesurteil.

Das Schloss von Großbitsch (Bild), eines der schönsten der Slowakei, wurde 1571 errichtet. Die wohlproportionierte Gliederung des Gebäudes zeugen davon, dass das ursprüngliche Vorhaben die Errichtung einer Festung war. Der Innenhof ist mit zweistöckigen Arkaden umgeben und die Wände sind mit Malereien aus drei Zeitaltern verziert. Interessant ist das Portal im Renaissancestil.

Das viertürmige Schloss entstand als Wasserburg auf älteren gotischen Fundamenten für Franz Thurzo durch Meister Kilian aus Mailand. Dann erbten es die Eszterházys und nach diesen erwarb der Großhändler Leopold Popper die Anlage, aber sein Sohn konnte sie nicht halten. Nach der Verstaatlichung wurde hier das Bezirksarchiv eingerichtet.

### SULOVER FELSEN (SÚĽOVSKÉ SKALY)

Es ist eine bizarre Gruppe von Felsen aus Kalksteinmergel in der Gestalt von hohen Zähnen, Klippen und Türmen. Der Zugangsweg passiert ein Felsentor, der Weg und der Bach führen den Besucher durch eine Landschaft, die die menschliche Fantasie belebt. Die Gebilde in diesem 544 Hektar großen Naturschutzgebiet haben attraktive Namen, wie Gotisches Tor, Felsenstadt, Sulover Enge. Auf einem ähnlichen Felsen ruht etwas nördlicher auch die Sulover Burg.

# AUF EINEM GROSSEN MARKTPLATZ

## SILLEIN (ŽILINA)

Mehrere Städte in der Slowakei besitzen eine so genannte deutsche Zentralanlage in Form eines Vierecks. Vom Platz aus laufen die Wege im rechten Winkel auseinander und bilden eine schachbrettartige Straßenanordnung. In Sillein gibt es zusätzlich eindrucksvolle Arkaden und Laubengänge, die in der Slowakei eher selten vorkommen (sie sind typisch für westlicher gelegene Städte in Mähren und Böhmen). Die Jesuitenkirche des hl. Paulus aus dem 18. Jahrhundert zeugt von der Rekatholisierung. Bezeichnend für den Markt von Sillein ist seine geschlossenheit und der Rhythmus der Bögen, der die Ansicht einiger größerer Bauten weniger mächtig erscheinen lässt.

### DIE SCHMALSPURBAHN IN VYCHYLOVKA

Im steilen Gelände haben sich wendige schmalspurbahnen bewährt, in Europa sind sie aber fast völlig verschwunden. Eine dieser seltenen Bahnen ist die Gebirgseisenbahn die, seit 1972 stillgelegt, die Täler der Flüsse Weiße Arwa und Kischütz verbunden hat. Mit dieser Waldeisenbahn wurde auf etwa 110 km Holz befördert. Ein erheblicher Teil dieses Bauwerkes wurde von italienischen Kriegsgefangenen im Ersten Weltkrieg fertiggestellt, man baute jedoch bis 1926, als der Abschnitt mit den Spitzkehren vollendet war, mit dem ein Höhenunterschied von 250 m überwunden wird. Heute verkehrt hier ein Museumszug.

Zum Gesamteindruck des Charakters einer mittelalterlichen Stadt trägt auch die Bauart der angrenzenden Straßen bei.

Einen wesentlichen Anteil an diesem Antlitz haben Bauten wie das alte Rathaus mit seiner Fassade im kombinierten Barock- und Sezessionsstil oder die Jesuitenkirche mit Kloster im südwestlichen Teil des Platzes. Diese Bauten entstanden seit 1743, die Klosterkirche mit einem Schiff und zwei Türmen im Barockstil wurde in der ersten Hälfte des 20. Jahrhunderts ausgemalt.

Die Altstadt ist jedoch verhältnismäßig klein. Ein Symbol dafür, dass diese frühere königliche Freistadt auch sehr schlimme Zeiten durchmachen musste. Das Doppelkreuz in ihrem Stadtwappen ist vom Ende des 13. Jh. und wurde auch Bestandteil des slowakischen Staatswappens. Nach

Bränden und der Pest verlor Sillein seine Stellung und hatte zeitweise weniger Einwohner.

Ein ungemein wertvolles Zeugnis vom Leben der Stadt im Mittelalter und der einstigen Zusammengehörigkeit der ethnisch gemischten Einwohner ist ein sprachliches Denkmal, das Silleiner Stadtbuch („Žilinská kniha"), ein Werk das alle Slawisten und Germanisten kennen und das aus drei Teilen besteht. Der erste Teil aus dem Jahr 1378 enthält das in Althochdeutsch geschriebene Magdeburger Recht und einige Gebete. Im zweiten aus dem Jahr 1473 finden wir die tschechische Übersetzung des Magdeburger Rechts, vollendet von Wenzel aus Kremsier (Kroměříž) mit einer Menge Slowakismen. Den Inhalt des dritten Teiles bilden etwa 70 Eintragungen und Urkunden von 1380 bis 1524. Die Angaben sind auch aus sachlicher Sicht interessant (zeugen von Streitigkeiten zwischen der einheimischen und zugewanderten Bevölkerung). Nicht weniger interessant ist aber auch das sprachliche Erbe. Die Angaben wurden zuerst nur in Deutsch eingetragen, später lateinisch und ab 1451 tschechisch. Die Existenz des Silleiner Stadtbuches ist seit den 30er Jahren des 20. Jahrhunderts bekannt. Der zweite und dritte Teil wurden vielerlei Forschungen unterzogen, der erste wurde vom bekannten finnischen Germanisten I. T. Piirainen untersucht und herausgegeben.

### RUINEN DER BURG LIETAVA

Dieses längliche Objekt der Burg (*Bild oben*) hat den Ruf uneinnehmbar zu sein, obwohl nie wirklich darum gekämpft wurde. 1556 erbte sie F. Thurzo, etwa 200 Jahre später war sie schon verlassen und das Familienarchiv wanderte auf die Arwaburg. Die Burg blieb schließlich völlig verwahrlost.

### SCHLOSS BUDATÍN

Auf dem nördlichen Ufer der Waag in einem Silleiner Stadtteil steht eine ehemalige Wasserburg, heute Schloss Budatín genannt (*sein Bild ist auf S. 4*). Ursprünglich handelte es sich um einen Wachturm, erbaut am Beginn des 14. Jahrhunderts. Das heutige Antlitz bekam sie erst 1923. Über den Bau kursieren viele Sagen, aber auch Anekdoten. Es gibt hier ein Museum der Drahtbinderei und dem Besucher wird auch die Stelle gezeigt, wo die unglückliche Katharina eingemauert schmachtete, bevor sie vom schönen Jüngling befreit wurde.

# GEHEIMNISVOLLE „RUNEN"

## HÄUSER IN ZIMMERMANNSHAU (ČIČMANY)

**FREIWALD (RAJECKÁ LESNÁ)**

Im kleinen Wallfahrtsort, abseits der Hauptstraße befindet sich die größte Krippe der Slowakei. Die heilige Familie als zentrales Motiv tritt in den Hintergrund, da sie von so großer und bunter Natur- und Stadtszenerie sowie verschiedenen Tätigkeiten nachgehenden kleinen Menschengruppen umgeben ist. Viel älter als dieses Werk ist aber die Statuette der dunkelhaarigen Mutter der Barmherzigkeit, sie stammt aus der Zeit um 1500. Und noch etwas: nahe der neogotischen Kirche steht eine Kapelle – vorher ein frühgotisches Presbyterium einer Kirche aus dem 14. Jahrhundert. 1863 wurde sie niedergerissen.

Für die Slowakei untypisch, doch um so einzigartiger sind die seltenen weißen Malereien auf rohem unbearbeitetem Holz. Genau das bietet ein Gebirgsdorf in der Gegend des Gebirges Strážovské vrchy. Die Holzhäuser wie in Zimmermanshau gibt es sonst nicht in der Slowakei. Die Malereien bestehen aus einer Art von „Runen" – geo-metrischen Figuren sowie pflanzlichen und tierischen Motiven. Die Ornamente mit sich wiederholenden Elementen und die sonderbare Symmetrie der „Zeichen" zwingt uns einen anderen Sinn als jenen der Dekoration zu suchen. Niemand weiß eine eindeutige Erklärung. Unbekannt ist auch ihr Ursprung. Wahrscheinlich wurden sie von deutschen,

KUNERAD

Das Schloss wurde 1916
erbaut. Ein herrliches Beispiel für die wenigen Bauten
im späten Jugendstil. 1945
wurde es niedergebrannt,
da es ein Zentrum des
Widerstandes war, nach
dem Krieg renoviert.

aber auch slowakischen Siedlern gefertigt.
Die Deutschen stellten den Rand des damals geschlossenen deutschsprachigen Be-
reichs und assimilierten sich schnell.

Nach drei schweren Bränden, die fast
alle Häuser zerstörten, wurde 1906 ein fach-
lich koordinierter Wiederaufbau in ursprünglicher Gestalt durchgeführt.

Heutzutage wird Zimmermannshau von
einer Menge von Gästen besucht, die die
geheimnisvoll aussehenden Zeichen besichtigen wollen. Um den Ort attraktiver zu machen, wurden auch Häuser ohne diese Art
der Verzierung nächträglich bemalt. Bewundert werden auch Trachten mit volkstümlichen Spitzen.

Im Ort gibt es gegenwärtig auch gute Unterkunftsmöglichkeiten im ländlichen Stil.
Touristen wird empfohlen, das sog. Raden-
Haus zu besuchen (ein hiesiger Held, von
der Gestapo zu Tode gefoltert), wo eine bemerkenswerte ethnografische Sammlung
untergebracht ist. Von hier aus können auch
ausgezeichnete Touren zum Fatschenhauer
Sattel, auf den Nasenstein, den Reváň, zur
Rajčianka, auf die Burg Kunerad und auch
nach Rajetz mit dem Thermenbad, bzw.
nach Bad Rajetz unternommen werden.
Hier gibt es auch gute Skigebiete. In mehreren Ortschaften sind Andenken an die Leiden zur Zeit des Endes des Zweiten Weltkrieges vorhanden.

RAJETZ (RAJEC)

Dieses kleine Städtchen in
der Nähe des malerischen
und zugleich modernisierten
Kurortes Bad Rajetz zeichnet
sich durch einen ansehn-
lichen Marktplatz mit ein
paar schönen Häusern aus,
vor allem der alten Pfarrei
und dem Rathaus aus dem
16. Jahrhundert.

# DIE PERLE UNTER DEN SLOWAKISCHEN GEBIRGEN

## DIE KLEINE FATRA (MALÁ FATRA)

### RUINEN DER BURG STREČNO

Die Talenge der Waag wurde von zwei Burgen bewacht, davon jede an einem Ufer. Die jüngere, die auf imposante Weise auf einer Klippe ruht, wird erstmals 1384 erwähnt und wurde wohl wegen der Einhebung der Maut errichtet. Während ihres langen Bestehens überstand sie alle Angriffe, bis sie 1698 von Leopold I. niedergerissen wurde, damit seine Widersacher über keinen Stützpunkt verfügen konnten. Vom Gipfel auf die Talenge der Waag mit der Burg „Starý hrad" (gegenüberliegende Seite), die schon im 14. Jh. verwahrloste, ist der Blick besonders schön.

### SCHLÖSSER IN GBEĽANY UND KRASŇANY

Auf dem Westhang der Kleinen Fatra steht in Gbeľany ein hübsches dreiflügeliges Bauwerk aus dem 18. Jahrhundert. Das Schloss in Krasňany ist älter und besteht aus zwei miteinander verbundenen Bauten aus der Mitte des 17. Jahrhunderts.

Die Kleine Fatra ist ein etwa 55 km langes Gebirge, welches durch die Talenge der Waag in zwei annähernd gleich große Teile getrennt wird, wobei der Nordteil mit dem Veľký Kriváň (1709 m) wesentlich höher ist und bei Touristen sehr beliebt ist. Es gibt hier nur wenig Wald und die Landschaft bietet einen weiten Ausblick und eine reichhaltige Flora.

Der Hauptkamm (ca. 1700 m ü.d.M.) ist ein lohnenswertes Ziel für Wanderungen – dank der Seilbahn zum Pass Snilovské sedlo. Der gesamte Kamm ist mit minimalem Kraftaufwand zu überwinden, zusätzlich gibt es einen herrlichen Ausblick in die weite Ferne, hinter die Kulissen der nächsten Spitzen. Einzigartig ist der Veľký Rozsutec mit zwei Spitzen – ein zerklüfteter Fels aus Kalkstein und benachbart die Graspyramide des Stoh. Sehenswert ist auch der Wasserfall Šútovský vodopád. Auch er Blick auf die

Talenge der Waag von der Straße oder dem Zug kann ein faszinierendes Erlebnis werden. Die riesigen Flussmäander entstanden durch die ständige Einwirkung des Wassers auf das sich hebende Gebirge und so können wir noch heute 200 m oberhalb des Wasserspiegels die Überreste dreier Flussbettniveaus beobachten. Wasser belebt eben jede Naturschönheit.

# ZENTRUM DES NATIONALBEWUSSTSEINS

## TURZ-SANKT-MARTIN (MARTIN)

### IM LAND DER KRÄUTERPFARRER

Da die mittelalterliche Landwirtschaft die wachsende Bevölkerungszahl nicht ernähren konnte, machten sich viele Bewohner der Region Turz (Turiec) auf Wanderungen durch Europa als Verkäufer von Wurzeln, Heilkräutern, Safran und Ölen. Dabei nutzten sie verschiedene Anleitungen von gelehrten Mönchen in den Klöstern, die sich der Heilkunst schon seit langen Zeiten widmeten. Viele der „Kräuterpfarrer" setzten sich geradezu als „Doktoren" durch. Diese herrliche Landschaft bietet aber mehr als Erinnerungen, zum Beispiel sehenswerte Schlösser – vor allem das Schloss in Mošovce (Rokoko- und klassizistischer Stil) sowie in Diviaky (Renaissancestil, 2. Hälfte des 17. Jh.). Kleinere Objekte gibt es auch in anderen Ortschaften, wie Blatnica und Necpaly. Zu empfehlen sind auch die spätgotischen Plastiken im Altar des hl. Jakob und Philip in Mošovce aus dem 15. Jahrhundert mit einer seltenen Kombination von Heiligen – beide sind von weiteren heiligen Gestalten, wie Laurentius, Martin, Stefan und Sebastian umgeben. Interessant ist auch die Figurengruppe der hl. Anna Selbdritt in Jazernica aus dem Jahr 1517. Die Gestalt Marias hat zwar den Kopf einer erwachsenen Frau mit Krone, doch den Körper eines Kindes.

In Martin ist der Gebäudekomplex am Ostrand der Stadt auf dem Hügel, genannt Kleiner Berg, nicht zu übersehen. Es ist die Matica slovenská, eine Einrichtung, deren Zweck es ist, das Maximum dessen zu umfassen und dokumentieren, was das Kulturerbe der Slowakei beinhaltet, seine Werke zu schützen, zu interpretieren und weiter zu vermitteln. Auch hat sie die Aufgabe, das nationale Bewusstsein zu festigen und den Namen der Slowakei auch über ihre Grenzen hinaus zu tragen. In der Matica sind auch wichtige wissenschaftliche Institutionen zusammengefasst – die Zentrale slowakische Bibliothek und das Ethnografische Museum.

Die Aktivitäten der Matica slovenská sind tatsächlich weit gespannt. Im Stadtzentrum gibt es noch zwei weitere Gebäude dieser Institution. In der ganzen Stadt ist der Hauch des nationalen Lebens zu verspüren und auf dem Nationalfriedhof sind viele herausragende Persönlichkeiten des Volkes begraben – auch diejenigen, die nicht in der Matica gewirkt haben. Es sind hier auch symbolische Gräber errichtet worden.

Das alles ist historisch bedingt. Zur Zeit der Entstehung der Matica slovenská – 1864 – hatte gerade das Zusammentragen kultureller Werte der Slowakei und die Betonung der nationalen Eigenständigkeit größte Bedeutung. Das Gebäude gehörte zum Teil der Stadt. 1869 wurde es von der Matica abgekauft, die nationale Idee fand inzwischen Anklang. Daher wurde diese Institution von der ungarischen Regierung 1875 aufgelöst.

Nach dem ersten Weltkrieg erwachte die Matica slovenská wieder zum Leben und entwickelte sich zur anerkannten Institution, daheim und im Ausland.

Die Region Turz wird von Touristen häufig besucht. Ein Grund ist auch der Skiort Martinské hole, wo der Schnee sich bis in den Spätfrühling hält. Nennenswert ist auch der

Ort Krpeľany, früher ein Dorf der Flößer, heute dank des Stausees der Waag bekannt (*oben,* im Hintergrund ist der Berg Šíp). Gut besucht ist der Kurort Bad Stuben (Turčianske Teplice), wo Erkrankungen des Bewegungsapparats behandelt werden, auch eine Galerie ist da ständig geöffnet. Oberhalb des Ortes fällt das Wasser des Falles Šútovský vodopád 38 m in die Tiefe (*links*).

### DIVIAKY

Die Ortschaft Diviaky (*links*) südlich von Martin wird erstmals 1264 erwähnt. Zwei Schlösser fallen hier auf – ein Rokokoschloss aus der Mitte des 18. Jahrhunderts, klassizistisch abgeändert und eins im Renaissancestil aus der zweiten Hälfte des 17. Jahrhunderts, ebenfalls umgebaut und Anfang des 20. Jahrhunderts erneuert. Dieses wird für die Zwecke der Matica slovenská genutzt, es gibt hier ein Archiv und eine Privatpension.

# DIE DOMINANTE
# DER NORDSLOWAKEI

## DIE ARWABURG (ORAVSKÝ ZÁMOK)

**ARTIKULARKIRCHEN IN
LEŠTINY UND ISTEBNÉ**

In beiden Ortschaften des
einstigen Komitates Arwa
wurden aufgrund der
bekannten Artikel aus dem
Jahr 1681 sog. Artikular-
kirchen gebaut. Beide sind
erhalten geblieben. Der
Grundriss bildet ein griechi-
sches Kreuz, gemäß Land-
schaftscharakter und
baulicher Disposition haben
sie ein verkürztes Querschiff.
Die Malereien entstanden ab
Ende des 17. bis Mitte des
18. Jahrhunderts. Gemäß
evangelischer baulicher
Traditionen haben die Kirchen eine Empore. Da nach
den Artikulen keine Türme
möglich waren, durften diese
erst später gebaut werden.
(*Auf dem Bild oben:* der
Innenbereich der Kirche in
Leštiny.)

Der Blick auf das groß angelegte, auf dem
112 m hohen Fels über dem Fluss Arwa
emporragende Bauwerk ist geradezu groß-
artig. Es handelt sich um ein nationales Kulturdenkmal. Neben der Besichtigung dieser
Orte gibt es auch andere herrliche Ausblicke,
die von der Brücke über die Arwa oder von
der Straße in Richtung Norden möglich sind.

Auf dieser strategisch einzigartigen Stelle
gab es schon in ältesten Zeiten eine Festung.
Erste Berichte von einer gemauerten Burg
stammen aus dem Jahr 1267, dies war eine
der Komitatsburgen, ein wichtiger Stützpunkt der Kupferstraße, eines Handelswe-
ges. Die heutige Anlage gliedert sich in drei
Teile, in die obere, mittlere und untere Burg.

Die obere Burg auf der Felsspitze entstand bereits im 13. Jahrhundert, nach einem Brand 1800 wurde sie verlassen. Die letzte Renovierung liegt etwa dreißig Jahre zurück. Von hier aus gibt es einen prachtvollen Ausblick; dasselbe gilt jedoch auch für die mittlere Burg. Diese wurde im 15. und 16. Jahrhundert samt Eingangstor (heute zweites Tor) erbaut. Den spätgotischen Palast ließ Mathias Corvinus aufbauen. Die untere Burg mit ihrer Gloriette ist eine an die mittlere Burg anknüpfende gut durchdachte Konstruktion, die ursprünglich als abschließende Befestigung des gesamten Bauwerkes vorgesehen war.

Große Probleme bei der Renovierung im 20. Jahrhundert entstanden infolge des geologischen Untergrunds und der Zufuhr von Wasser, das aus einem 91 m tiefen

Brunnen gepumpt werden musste. Das führte wiederholt zu Rissen und anderen Schäden, womit eine zweite Aufgabe neben der 13 Jahre dauernden Sanierung, nämlich der durch statische und hydrologische Probleme verursachte kritische Zustand des Objektes, zu lösen war. Zur Zeit ist hier das Arwa-museum untergebracht, das einen Überblick über die wirtschaftliche und gesellschaftliche Entwicklung der Arwa gibt und in dem auch den Besonderheiten der Natur Augenmerk geschenkt wird.

Der erwähnte Brand zerstörte 1800 den Großteil des ursprünglichen Bauwerkes. Trotzdem sind einige schöne Malereien erhalten geblieben. Die Kapelle aus dem Jahr 1752 verlor zwar ihren Hauptaltar, es kam aber die wertvolle Kreuzigung aus dem 18. Jahrhundert im Barockstil hinzu. Ein ansehnliches Werk ist das Epitaph Georg Thurzos vom Bildhauer Kaspar Menneler aus Augsburg.

Ein interessanter Ort ist Lehota, dessen Einwohner Bedienstete der Burg waren. 1547 teilte er sich in einen unteren und oberen Ortsteil: Der untere (Dolná Lehota) ist nahe der Burg. Die weiter entfernte Ortschaft Horná Lehota übergab Georg Thurzo dem Kommandanten der Burg Ján Abaffy. Jedem, der hier durchreist, muss das auffällige Schloss in Horná Lehota ins Auge fallen (*Bild oben*). Ursprünglich wurde es im Barockstil erbaut, dann klassizistisch umgebaut. Mit der Umgebung ist es eine Augenweide.

**PODBIEL**

Die Gemeinde liegt an einem der vielen Mäander des Flusses Arwa. Gleich neben der Straße steht eine Reihe alter Holzhäuser, die durch eine Besonderheit, nämlich durch Lüftungsluken in den Giebeln gekennzeichnet sind. Viele haben die Form eines Kelches, eine Erinnerung an die Symbolik der Hussiten und die Reformation. Darüber erhebt sich manchmal auch eine Hostie.

# WIE IM MÄRCHEN

## DIE BEZAUBERNDE SCHÖNHEIT
## DER ARWA (ORAVA)

Hier, im letzten Winkel der Arwa könnte sich ein modernes Märchen des 20. Jahrhunderts mit einer dramatischen Handlung wie folgt abspielen:

Als sich die Leute vermehrten und immer weiter in die abgelegensten Gegenden von Gottes Reich vordrangen, beschloss der Herr, zumindest einen kleinen Garten für sich unberührt zu behalten. Sein Blick fiel auf das Tal Roháčska dolina, das gänzlich außerhalb menschlicher Siedlungen lag, die schon sowieso zu den ärmsten im ganzen Land gehörten. Lange störte auch diese Ruhe niemand. Hirten mit Schaf- oder Rinderherden ließ er gern gewähren, es war ja der Lebensunterhalt der verarmten Bevölkerung. Auch die paar Wanderer, die auf eine Tour

hierher kamen, waren keine Gefahr, da sie ja die Schönheit dieses Landes priesen. Auch als sie einige Abschnitte der herrlichen Wanderroute auf dem Kamm der Westlichen Tatra mit Ketten sicherten, verübelte er ihnen nichts, es war ja nur gottgefällige Arbeit. Die elenden Behausungen, die nach 1923 gebaut wurden, fielen den häufigen und schwer zu löschenden Bränden zum Opfer.

In der zweiten Hälfte des 20. Jahrhunderts verlor jedoch der Mensch jegliche Achtung vor der Natur und beschloss, in Gottes Garten ein gewaltiges Wintersportzentrum wie in den Alpen zu errichten. Das größte Hindernis bei der Umsetzung dieses Projektes war neben dem enormen Finanzaufwand auch das bestehende Naturschutz-

*Aufnahmen aus dem Freilichtmuseum in Brestová – der Außen- und Innenbereich sowie die Ausstellungsstücke sagen vieles über die volkstümliche Kreativität aus*

gebiet. Man konnte jedoch vieles umgehen, eine Ausnahme erhalten oder eine kleine Strafe auf sich nehmen.

Nachdem die Straße bis ins Herz des Gartens – zum malerischen Gebirgssee Ťatliakovo jazero fertig war, wurden Fernleitungen und ein Skilift gebaut. Erst dann entschied Gott seine Absicht, den Garten ohne Verunstaltung zu bewahren, durchzusetzen, und verbat alle weiteren Arbeiten.

Der Skilift steht hier noch immer, die Wunden auf den Wegen sind aber schon ausgeheilt. Und so ist auch Gottes Garten doch fast erhalten geblieben, was auch für die Besucher, die die Roháče, diesen herrlichen Teil der Westlichen Tatra ins Herz schlossen, eine Genugtuung ist.

Am Rand dieses Gebietes Westliche Tatra auf der Brestová, in der Nähe von Zuberec, steht ein malerisches Freilichtmuseum – das Museum der Arwa, das nicht nur für Ethnografen von Interesse ist. Es bringt dem Besucher die volkstümliche Architektur der Arwa sowie die hiesige Wohnkultur näher. Zu bewundern sind Innenbereiche und das Äußere der Hütten mit authentischer Ausstattung und Gegenständen der Volkskunst, einer ästhetischen Aussage

über das ansässige Volk. Die Volksarchitektur erfährt durch die herrliche Berglandschaft die beste Art der Vollendung.

In der Nähe befindet sich die zwei km lange Höhle Brestovská jaskyňa mit einem einzigartigen Wasserlabyrinth.

Um den Besuchern auch die Reize des Tales Kvačianska dolina zu vermitteln, wurde nach langem Tauziehen auch die Höhenstraße zwischen der Arwa und der Liptau gebaut. Von der höchsten Stelle aus gibt es einen Ausblick in das Waagtal und die Bergkulisse der Niederen Tatra. Wieder eine märchenhafte Schönheit...

# SCHWERE GEBURT EINER LANDSCHAFTSPERLE

## DER ARWASTAUSEE (ORAVSKÁ PRIEHRADA)

### HOLZKIRCHE IN TVRDOŠÍN

Zu den ältesten Holzkirchen in der Slowakei – meistens aus dem späten 15. Jahrhundert – gehört auch dieser einzigartige Bau auf dem Friedhof von Tvrdošín. Die Renaissance- und Barockmalereien stammen aus dem 18. Jahrhundert, sowie der prächtige Allerheiligenaltar, den hier sicher niemand erwarten würde.

### PAVOL ORSZÁGH HVIEZDOSLAV 1849–1921

Am Fuße von Babia hora (1725 m), eines Berges an der slowakisch-polnischen Grenze, steht ein nach dem großen Dichter benanntes Forsthaus, der Ort, den der Künstler zum Schauplatz seines Epos „Des Hegers Frau" wählte. Hviezdoslav hinterließ ein umfangreiches Werk sowie einige Übersetzungen von Spitzenwerken der Weltliteratur. Er war ein treuer Sohn der Arwa. Geboren wurde er in Vyšný Kubín und starb in Dolný Kubín.

Die Pläne, in der von Morast bedeckten Niederung am Zusammenfluss der Weißen und Schwarzen Arwa einen Damm zu errichten, reichen weit zurück. Schon 1730 wurde der Bau eines Holzdammes erwogen und 1870 wurde über einen Staudamm aus Beton spekuliert. Nach den Plänen von 1918 sollte die Staumauer noch um 11 m höher reichen, als es jetzt der Fall ist. Mit den Projektarbeiten wurde 1941 begonnen, am Ende des Krieges wurden sie unterbrochen. 1948 wurden sie wieder fortgesetzt; dagegen traten, wie schon früher, viele Geologen auf. Man musste Leute umsiedeln, da der Stausee fünf Ortschaften überfluten sollte. Außerdem hätte man einige Teile des Ortes Námestovo, das zu einem Städtchen am See mit einem Kai und einer Kolonnade werden sollte, räumen müssen. 1954 war der Bau beendet.

Heute ist der 35 km² große See nicht aus der Landschaft wegzudenken. Erstens ist es ein wichtiges Zentrum des Wassersports und dann auch die Dominante der Gegend, auch dank der kleinen Insel genannt Slanický ostrov mit einer barocken Kirche aus dem 18. Jh., später klassizistisch umgebaut. Heute dient sie als Museum, beide Plastiken *auf den Bildern* befinden sich im Inneren. Außerdem befindet sich hier die Exposition der Arwagalerie und ein Lapidarium.

Beliebt sind auch Aussichtsfahrten auf dem See und die gut ausgestatteten Erholungsstätten.

Im Falle der Insel Slanický ostrov wurde

## ROHÁČE

Südöstlich der Arwa erhebt sich die Westliche Tatra. Der häufig besuchte Teil wird Roháče genannt (*Bild oben*). Das malerische Tal Roháčska dolina, der Wasserfall Roháčsky vodopád und die Gebirgsseen von Roháče sind von hohem landschaftlichen Wert.

auch der in Slanice geborenen großen Persönlichkeit slowakischer Kulturgeschichte – Anton Bernolák – Aufmerksamkeit geschenkt. Mit der Arwa wird diese Gestalt meist nicht in Zusammenhang gebracht, da er mit der Westslowakei verbunden ist. Dank des Studiums in Tyrnau und Preßburg fand er hier die Grundlage eines vom ganzen slowakischen Volk akzeptierten Kulturmilieus. Sein Denken war modern patriotisch, sprachwissenschaftlich progressiv; trotzdem nahm man seine Sprachideen später nicht an.

# EINE EINZIGARTIGE WELT

## VLKOLÍNEC

### LUDROVÁ

Auf der freien Fläche einer Erhebung, ca. zwei km von den Häusern entfernt, steht die bemerkenswerte, von Mauern umschlossene Allerheiligenkirche. Gotisch erbaut wurde sie für das nicht mehr existente Dorf Villa Ludrova im letzten Drittel des 13. Jahrhunderts. In der Kirche befinden sich wertvolle Fresken aus dem 14. und 15. Jahrhundert. Der umfangreiche christologische Zyklus enthält Szenen von der Verkündigung bis zur Herabsendung des heiligen Geistes. Weiters gibt es einzelne biblische Motive, wie Maria die Beschützerin, der gute Hirte sowie ein Konsekrationskreuz. Der Künstler verwendet hier keine flächenhafte Darstellung mehr und seine Gestalten haben einen reichen Kleiderwurf.

Die Ortschaft Vlkolínec gehört heute zu Rosenberg. Im Ort befindet sich ein einzigartiger Komplex von Blockhäusern. Es ist ein eigentümliches Reservat der Volksarchitektur, ein Unikat in puncto Holzhäuser. Die hiesigen Behausungen, die früher zweimal jährlich blau, aber auch rosarot oder weiß mit Kalkfarbe gestrichen wurden, sind tatsächlich eine Ausnahme – in der Slowakei gibt es keinen anderen Ort, an dem die Häuser auf ähnliche Weise gestaltet wären.

Das Dorf befindet sich oberhalb des Revúcatales in den nördlichen Ausläufern der Großen Fatra am Fuß der Klippen, genannt Sidorovo.

Der malerische Charakter dieser Lokalität wird durch die Umgebung des mit Wald bedeckten Berges Máliné (beliebter Skiort und Ausgangspunkt für Wanderungen in die Große Fatra) und der paradiesischen Welt der weitläufigen Wiesen unterstrichen. Der Übergang zur Sennerei hatte zur Folge, dass die frühere Vielfalt verloren ging; die Heuschober verwahrlosten und die üppige Flora verarmte.

Der Ort Vlkolínec wurde Ende des 14. Jahrhunderts als Untertanendorf der königlichen Freistadt Rosenberg gegründet, da Holz für die Gewinnung von Erzen unbedingt erforderlich war. Der Verfall des Dorfes begann, als die Gründerstadt ihre Privilegien einbüßte und es nichts mehr zu fördern gab. Erst die Reformen von Josef II. gaben den Ausschlag zur Revolte der Bewohner von Vlkolínec, die aber fehlschlug. Der Stadt gelang es nicht, die Privilegien zurückzubekommen und somit wurden Vlkolínec und Rosenberg gleichberechtigte Gemeinden.

Heute werden die Häuser von Vlkolínec, die unter Denkmalschutz stehen und Bestandteil des UNESCO Kulturerbes sind, als Ferienunterkunft angeboten.

Jene Bewohner, die hier verblieben, arbeiten in den nahen Industriebetrieben.

MARTINČEK

Gleich hinter dem Berg Mönch liegt abseits das kleine Dorf Martinček und vom Weg im Waagtal ist die dem hl. Martin geweihte Kirche nur kurz zu sehen. Sie scheint in einem Bergsattel zu stehen. Das frühgotische Mauerwerk stammt aus dem Jahr 1260, der Turm wurde erst 100 Jahre später gebaut. Im 18. Jahrhundert wurde die Kirche im Barockstil umgebaut und im 19. renoviert. Im Presbyterium befinden sich alte Fresken.

# HIERHER MUSS MAN ZURÜCKKEHREN

## DIE ZAUBERHAFTE LIPTAU
## (LIPTOV)

**BOBROVEC**

In der Lokalität dieser Ortschaft, genannt Trstené steht die älteste erhaltene romanische Kirche der Liptau aus dem Jahr 1269. Die Glocken befinden sich auch in einem hölzernen Glockenturm.

**BEŠEŇOVÁ**

Aus diesem unlängst noch unbekannten Dorf ist nach zufälliger Entdeckung einer ergiebigen Thermalquelle ein häufig besuchter Ort geworden. Bemerkenswert ist auch das einstöckige Renaissanceschloss mit vier Türmen aus dem 17. Jahrhundert. Im Nachbarort Liptovský Michal steht eine alte gotische Kirche mit einem Glockenturm aus Holz.

Das Wort zauberhaft ist wörtlich zu verstehen. Nach der Meinung vieler ist die Liptau wortwörtlich die schönste Ecke der Slowakei. Das mag vielleicht ein durch persönliche Gefühle beeinflusster Eindruck sein. Dass man aber in der Liptau viel sehen kann und dass sie sehenswert ist, das ist wirklich eine objektive Feststellung. Welch andere Region wird von dem schönsten Gebirge umschlossen? Nennen wir doch die Kulisse der Hohen Tatra, dann die weniger kantigen, dafür aber massiven Gipfel der Westlichen Tatra, der lang gezogene Kamm der Niederen Tatra (*zentrales Bild*) und auch die deutlich sichtbare Silhouette der Großen Fatra und des Chočgebirges. Jedes

Gebirge hat einen anderen Charakter, doch die Schönheit, die sich auf jedem Wanderpfad in den Bergen offenbart, bezaubert jeden. Außer den Eigenheiten auf der Oberfläche (die Kalksteinklippen des Sivý vrch oder das „Fenster" im Ohnište – ein riesiges Loch im felsigen Kamm) gibt es viele Wunder unter der Erde, zum Beispiel einen Höhlenkomplex, von dem einige Kilometer der Öffentlichkeit zugänglich sind.

Nach dem etwa 20 Jahre dauernden Bau ist der große Stausee Liptovská Mara (*Bild rechts oben*) trotz vieler Vorbehalte Wirklichkeit geworden. Außerdem sind in mehreren Ortschaften wertvolle Kunstwerke zu bewundern. Es gibt viele Faktoren, warum die Liptau zurecht als zauberhaft bezeichnet wird, die Mehrzahl von ihnen ist als einzigartig zu betrachten.

## PROSIECKA DOLINA

Sie erstreckt sich im Choč-gebirge und gehört zu den schönsten Karsttälern der Slowakei. Den Eingang bildet ein enges Felsentor, das man bei hohem Wasserstand kaum mit trockenen Füßen passieren kann. Es folgt der Talabschnitt ohne Wasser, das hier unterirdische Wege fand. Aus steilen Hängen mit seltener Flora ragen hier und da bizarre Felsgebilde, dank deren das Tal reich an diversen Raritäten und Engen ist. Eigentlich sollte auch das anliegende Tal Kvačianska dolina aufgrund seines Kontrastes dazugehören. Karl Siegmeth, Autor eines Touristenführers vom Ende des 19. Jh. sagte es so: „Die Felsen des Tals Prosiecka dolina wurden vom Bildhauer modelliert und das Tal Kvačianska dolina von einem Maler dekoriert." Die felsigen Abschnitte im oberen canyonartigen Teil kann der Wanderer heute über Stahlleitern bewältigen. Bis zum Ende des Krieges gab es hier eine 30 m lange steile Holzbrücke, die beide Steilhänge verband und zur Heuabfuhr diente.

# TOURISTEN UND SKIFAHRER KÖNNEN ES BEZEUGEN...

## DER VIELFÄLTIGE ZAUBER
## DER NIEDEREN TATRA (NÍZKE TATRY)

**DIE TROPFSTEINHÖHLEN
VON DEMÄNOVÄ**

Die bekannteste ist die Tropfsteinhöhle Freiheit (Sloboda), entdeckt 1921 und zugänglich gemacht 1924, als sie auch elektrische Beleuchtung erhielt. Sie gehört zu den schönsten ihrer Art und weist eine Vielfalt in den Formen und Farben sowie im Zusammenspiel mit den unterirdischen Gewässern auf. Die Höhle ist ein Teil eines umfangreichen Höhlensystems. Zu den am längsten bekannten (seit 1299) Höhlen der Welt gehört die Demänover Eishöhle (Demänovská ľadová jaskyňa) auch Drachenhöhle oder Demänfalver Höhle genannt. Sie war sicher sehr früh bewohnt und wurde schon 1719 von Georg Buchholtz, dem Jüngeren erforscht. Er fertigte von ihr genaue Zeichnungen, die ältesten dieser Art, an. Der Öffentlichkeit wurde die Höhle Ende des 19. Jh. zugänglich gemacht. Nach Jahren der Schließung (ihr Eis verkaufte man für Kühlzwecke), wurde diese schöne Höhle 1952 wieder für die Öffentlichkeit geöffnet.

Die Niedere Tatra ist wie ein kostbarer Reif der Hohen Tatra und liegt kulissenartig hinter der Blumenwiese (wie es das *untere Bild* zeigt). Ungewöhnlich schön sind nicht nur die Hänge, Höhen und Gipfel der Niederen Tatra, aber auch ihre Täler und Niederungen. Sie bieten Möglichkeiten für wunderschöne Wanderungen. In den Höhlen des Demänova-Tales bezaubert den Besucher der Tropfsteinhöhle das herrliche Farbenspiel der Tropfsteine und Eisformationen. Es gibt eine ganze Skala von Schönheiten, begonnen mit den Tälern, die umrahmt sind von bizarren Felsgebilden und einer sich ständig verändernden Pflanzenwelt auf Schiefer- und Kalkboden, die ihre Kulmination in der Schönheit des Naturreservates Ohnište erreicht, das mit Edelweißblumen bedeckt ist. Diese Schönheiten lassen sich jedoch nur erleben, wenn man das Tal zu Fuß durchwandert. Mit irgendwelchen Verkehrsmitteln prägen sich nur oberflächlich einzelne Eindrücke in unser Gedächtnis ein. Fährt man mit dem Sessellift vom Touristenzentrum Jasná auf den Berg Chopok (2024 m), kommt man zum einmaligen, hervorragenden Aussichtsplatz. Mit der Seilbahn kann man auch über den Gipfel das nach Süden gerichtete Tal erreichen, zumal der Gebirgskamm nur auf einer einzigen Straße überquert werden kann. Beinahe teilt er die Slowakei in zwei Teile. Ein beliebtes Wintersportzentrum ist der Ort Jasná, der auch im europäischen Bereich seine Bedeutung hat – er bietet gute Schneebedingungen von November bis Mai. Der Blick vom Doppelgipfel Chopok gehört zu den schönsten in der Niederen Tatra.

# DER HÖLZERNE PANTHEON VON PALUDZA

## DIE ARTIKULARKIRCHE BEI PALUDZA

**BILDER DER ARTIKULARKIRCHE VON PALUDZA**

Volkstümliche Malereien schmücken die Emporen-brüstungen der Kirche. Propheten, biblische Szenen und blasende Engel. Interessant ist der Prophet Jonas abgebildet, wie er vom Walfisch verschlungen wird und ein unglücklicher Mensch, auf den der Tod und der Teufel lauern und der um Hilfe ruft. „Libera me..." stößt er aus. Die Inschrift ist spiegelbildlich angeordnet. Und es stellt sich die Frage: Konnte der Maler nicht lesen und brachte deshalb die Schablone umgekehrt an, oder sollte der Hilferuf nur von oben, vom Himmel aus lesbar sein?

In der Nähe des bewaldeten Berghanges der Niederen Tatra befindet sich nahe des Dorfes Paludza eine der fünf noch er-haltenen sog. Artikularkirchen, interessant von außen (*Zentralbild*) wie von innen (*Bild oben*). Als der Zimmermeister Josef Lang 1773 mit dem Bau begann, der für die Auf-nahme von fast 6000 Personen geplant war, hatte die Kirche eine schon zu klein ge-wordene Vorgängerin aus dem Jahre 1693. Seine Arbeit kann nicht hoch genug ge-schätzt erden, denn er hatte außer der Kir-che in Kesmark (Kežmarok) keine Vorbilder, wobei er zwei Schwierigkeiten bewältigen musste: Den Ostteil der neuen Kirche an den Altbau ansetzen, der erst nach Fertig-stellung des Neubauteiles abgerissen wer-den konnte, um dann an seiner Stelle den Westteil zu errichten. Ein weiteres Hinder-nis war das Gefälle von ca. 1,5 m bis hin zum Altar, das er nicht beseitigen konnte, denn die Vorschriften ließen das nicht zu, da das Fundament der evangelischen Kir-che mehr als ein Fuß (30 cm) über die Erdoberfläche reichen durfte. So entstand die Neigung des Fußbodens, die an einen Theatersaal erinnert.

Die Artikularkirchen sind ein wertvolles Dokument einer Zeit, in der um die Reli-gionsfreiheit gekämpft wurde. Obwohl bald nach dem explosiven Antritt der Reforma-tion eine harte Welle der Gegenreformation und Rekatholisierung folgte, die ihren Höhe-punkt in der zweiten Hälfte des 17. Jh. er-reichte, ließ sich, trotz Verfolgungen und Landesverweisungen der Protestantismus nicht aufhalten. Und so führten 1781 Teil-zugeständnisse zum Toleranzpatent. Kleine-re Zugeständnisse wurden aber schon 100 Jahre früher, 1681, erreicht. Der Landtag von Ödenburg berücksichtigte die Forde-rungen der Protestanten und genehmigte in jenen Komitaten, in denen die Protestanten keine eigene Kirche besaßen, in zwei Gemein-den solche zu bauen. Auch die königlichen Freistädte erhielten diese Erlaubnis. Für Ar-tikularkirchen galt eine Reihe von Vorschrif-ten. Als erstes mussten sie aus Holz sein. Auch die Durchführung und die Bauzeit war an Anordnungen gebunden. So durften beim Bau keine Metallverbindungen (Nägel, Klam-

mern etc.) und keine massiven Fundamente verwendet werden. Auch Türme mit Glocken wurden nicht gestattet und der Zugang zur Kirche mußte von Seitenwegen aus erfolgen.

In Paludza hatte man keinerlei Erfahrungen mit Holzkirchen dieser Art und kirchliche Bauten in anderen Ländern (Schlesien, Norwegen), sowie des östlichen Ritus, folgten gänzlich anderen Baugesetzen. Es ist beinahe ein Wunder, dass diese Kirchen ihre ersten 100 Jahre überstanden, ohne andere Hilfsmittel einsetzen zu müssen. Noch einen weiteren Schlag musste die Kirche von Paludza hinnehmen. Als klar war, dass das Grundwasser des neuen Stausees Liptovská Mara den Bau schädigen würde, beschloss man, die Kirche zu verlegen. In den Jahren 1974-78 wurde sie demontiert und 5 km weiter südlich wieder aufgestellt.

## DAS DEMÄNOVTAL (DEMÄNOVSKÁ DOLINA)

Dieses 15 km lange Tal, umgeben von den Bergen Ďumbier, Krúpová holà, Chopok, Dereše, Polàna, Krakova holà, Sivá, kann Touristen in Begeisterung versetzen. Außer der wunderbaren Szenerie steht ihnen ein Lehrpfad zur Verfügung sowie ein ganzer Höhlenkomplex. Am Fuß der Berge liegen ganz typische Orte mit nur einigen hundert Einwohnern, z.B. Pavčina Lehota, Lazisko oder Svätý Kríž. Genau auf der Ortsgrenze der Gemeinden Lazisko und Svätý Kríž steht heute die Paludzer Artikularkirche. Aufmerksamkeit verdient auch das Naturschutzgebiet Jelšie, mit einem unter Naturschutz stehenden Gehölz.

# LIEBLICHE PLASTIKEN
# DER VORSTADT

## DAS WERK DES MEISTER PAUL AUS LEUTSCHAU
## IN OKOLIČNÉ

**DIE KLOSTERKIRCHE
IN OKOLIČNÉ**

Sie ist eine der wertvollsten
gotischen Bauwerke der
Nordslowakei und das be-
deutendste der Liptau
(Liptov). Die dreischiffige,
weitläufige Hallenkirche des
hl. Petrus von Alkantara hat
auch ein langes Presbyte-
rium und hat in dem vier-
flügligen Franziskanerkloster
aus dem 15. Jh. einen Paradiesgarten mit verglasten
Arkaden. (*Rechts auf dem
Bild* eine Plastik des Neben-
altars.) Aus dem Bestand, zu
dem auch die Grabkapelle
der Familie Okolicsányi gehört, ragt neben dem Turm,
der noch zur Vorgängerin der
Kirche gehörte, das Schiff
hoch hinauf. Das Stern- und
Netzgewölbe des Schiffes
ruht auf hohen schlanken
achteckigen Pfeilern,
während das Gewölbe des
Presbyteriums nur von den,
die Wände verstärkenden
Strebepfeilern gestützt wird.
Interessant ist auch das
Rokokokastell in Okoličné.

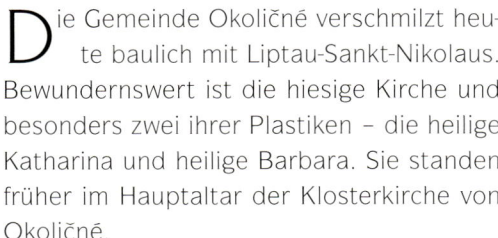

### SLIAČE

In der hier befindlichen röm.-kath. Kirche (gebaut 1326–34), die 1570 eine Renaissancewölbung erhielt und in der ersten Hälfte des 18. Jh. barockisiert wurde, sind außer zwei wichtigen Flügelaltären sehr interessante Fresken mit parallel ergänzender Malerei von Josef Hanula aus dem Jahre 1899 zu bewundern. Als Thema wählte er den Cyrill-Method-Zyklus. Die Fresken beinhalten verschiedene Bilder, die Madonna mit Schutzmantel und andere dynamisch wirkende Gestalten.

Die Gemeinde Okoličné verschmilzt heute baulich mit Liptau-Sankt-Nikolaus. Bewundernswert ist die hiesige Kirche und besonders zwei ihrer Plastiken – die heilige Katharina und heilige Barbara. Sie standen früher im Hauptaltar der Klosterkirche von Okoličné.

Die Überheblichkeit der Barockzeit trennte die ursprünglich vier Plastiken erbarmungslos. Während die Katharina und die Barbara in Okoličné blieben, ist eine (namentlich nicht genannte) Heilige spurlos verschwunden und eine weitere, die Margarete, kam zuerst in Privatbesitz nach Schlesien und tauchte nach dem zweiten Weltkrieg in einem Museum auf. Die anmutigen Figuren sind liebevoll gestaltet worden, als ginge es nicht um Heilige, sondern um geliebte Frauen. So äußerte sich 1938 der Kunsthistoriker Oskar Schürer.

Ein ähnliches Schicksal ereilte auch die Tafelmalereien des Hauptaltars, von denen nur ein einziges Bild in Okoličné blieb, während die anderen in Museen in Kaschau (Košice) und Budapest, wie auch in Privatbesitz zu finden sind.

# EIN FEST
# DER FARBEN

## WANDMALEREIEN UND DER FLÜGELALTAR
## IN SMREČANY

**LIPTAU-SANKT-NIKOLAUS
(LIPTOVSKÝ MIKULÁŠ)**

Das Zentrum der Liptau ist
diese Stadt und sie liegt im
Herzen des Liptauer
Talkessels. Sie liegt günstig
an der Waag, auf der
Eisenbahnhauptstrecke, von
wo aus Touristen viele
Möglichkeiten haben, in die
Niedere und Westliche Tatra,
ins Choč-Gebirge, sowie in
das Demänovatal zu gelan-
gen. Auch aus ethnologi-
scher Sicht ist diese Gegend
interessant.

*Bild oben: Kirche in Smrečany
– urspr. Kirche der Marie
Reinigung, z.Z. Kirche Geheimnis
der Opfer des Herrn*

*Unten: Altar mit der
Verwandtschaft von Jesus
Christus*

*Gegenüber: Chorballustrade*

In dem abseits liegenden lang gezogenen
Ort steht neben dem dicken quadratischen Turm mit seinem hölzernen Umgang
und dem mächtigen barocken Helm, etwas
im Hintergrund, eine einschiffige gotische
Kirche aus dem letzten Drittel des 13. Jh.
(alle Aufnahmen – das Äußere und auch die
Malereien – betreffen dieses Objekt).

Beim Betrachten der Fresken aus der
zweiten Hälfte des 14. Jh. fällt der Blick sofort auf die Schutzmantelmadonna. Genau
so fesselt auch Katharina im Triptychon mit
Margarete und Helena. Es gibt hier noch
viele andere schöne Bilder zu bewundern,
so im Presbyterium und am Triumphbogen.
Unter Berücksichtigung der Zeit, in der die
drei dominierenden, gemalten Flügelaltäre
entstanden, überrascht die Farbenfreude
und stilistische Geschlossenheit der Tafelbilder.

112

Der Hauptaltar aus dem Jahre 1480 auf dem Bild des Altarschreins (man sieht die dynamisch gestaltete Madonna mit Katharina und Barbara), stammt von einem anonymen Autor, benannt als der „Meister des Smrečaner Altars". Er ist einer der bedeutendsten Künstler der konservativ – lyrischen Tafelmalerei, dem noch viele andere Altäre in der Slowakei zugeschrieben werden. Das Pseudonym des Malers der beiden anderen Altarteile konnte nicht ermittelt werden, obwohl ihre Zusammengehörigkeit offensichtlich ist (beide weisen dasselbe Datum – 1510 – auf, und beide tragen das Wappen der Smrecsániys). Sicher ist, dass dieser Künstler den Stil des „Meisters des Smrečaner Altars" ausgezeichnet nachahmen konnte. Außerdem verstand er es, verschiedenartige Inhalte zu gestalten. So entstand der wirkungsvolle Kontrast auf den sieben Tafelbildern mit dem hl. Martin und Nikolaus: Auf einem Bild ist immer nur eine Gestalt zu sehen, auf dem anderen eine ganze Gruppe von Gestalten.

Smrečany war keine unbedeutende Gemeinde der Slowakei. So stammt die älteste Burg des Ortes aus dem Jahre 1229. Hier wurde auch Eisenerz gefördert und im 19. Jh. wurden die Smrečaner Spitzen berühmt. Einen guten Ruf hatte auch das hiesige Leinen. Im zweiten Weltkrieg wurde der Ort stark beschädigt.

# IN MITTELALTERLICHER ART

## DER MARKTPLATZ VON GROSSSTEFFELSDORF (RIMAVSKÁ SOBOTA)

**KRASKOVO**

Auf dem Friedhof steht die frühgotische (heute evangelische) Kirche aus dem letzten Drittel des 13. Jh. Im 15. Jh. umbaute man sie mit einer Schutzmauer, und im 17. Jh. kam ein hölzerner Glockenturm hinzu. Sehr eindrucksvoll sind die alten Wandmalereien, während die Kassettendecke erst in der Mitte des 18. Jh. bemalt wurde. Sie zeigen eine Verkündigung, in der das Jesuskind quer über das ganze Kirchenschiff zur Maria fliegt. Interessant ist auch die Ladislaus-legende gestaltet, aber das Aussehen der Kamele ist weit entfernt von dem ihrer lebenden Artgenossen. Aber wo hätte denn der Maler (damals) ein lebendes Kamel zu sehen bekommen?

Das Zentrum der historischen Region Kleinhont und ein Teil des gewesenen Komitates Gemer verdient eindeutig Aufmerksamkeit. Der rekonstruierte Großsteffelsdorfer Marktplatz ist Fußgängerzone. Bemerkenswert sind hier die Fundamente eines älteren sakralen Baues (gepflastert und zugänglich) und die Kirche auf dem Marktplatz. Der hohe schlanke Turm der im barockklassizistischen Stil gebauten calvinistischen Kirche im südwestlichen Teil des Marktplatzes wirft während des größten Teils des Tages seinen wandernden Schatten, fast wie eine Sonnenuhr, auf den Platz dieser Stadt. Das war nicht immer so. Infolge der Baueinschränkungen der Gegenreformation wurden die Türme dieser und auch der evangelischen Kirche erst in der Mitte des 18. bzw. erst im 19. Jh. gebaut. Auch der heutige Marktplatz ähnelt dem im Mittelalter nur wenig. Es geht um eine große, sog. deutsche Zentralanlage, von der bei der Rekonstruktion alle nicht ursprünglichen Teile entfernt wurden. So entfernte man alle Bäume und pflasterte den Platz in mittelalterlicher Art. Es ist ein gutes Beispiel, mittelalterliche Verhältnisse heutigen Menschen ungefähr nahe zu bringen. Auf dem Platz befindet sich alles, was seinerzeit von Bedeutung war, obwohl die Stadt von 1554–93 unter Türkenherrschaft war und dann noch längere Zeit unter deren Einfluss stand. Dadurch wurde die Stadt in ihrer Entwicklung ziemlich zurückgeworfen, wobei der stagnierende Bergbau auch dazu beigetragen hat. Viele Gebäude sind hauptsächlich in ihren Fassaden Zweitausfertigungen heute nicht mehr vorhandener oder total umgebauter Objekte.

Die röm.-kath. Kirche kam erst Ende des 18. Jh. in die Mitte des Platzes. Das gilt auch für das neunachsige Pfarrhaus.

### STARÁ HALIČ UND HALIČ

In Stará Halič steht eine alte gotische Kirche, in der von Tünche überdeckte Wandmalereien aus dem 14. Jh. entdeckt wurden (sie zeigen die Sieben Todsünden). Interessant ist auch der frei stehende hölzerne Glockenturm aus dem Jahre 1673. Bei Halič steht eine schöne Burg (*siehe Bild*), die ihre heutige Form als mächtige Renaissancefestung um 1612 erhielt. Um den Hügel vollkommen zu nutzen, bekam das Schloss eine ungewöhnliche, sechseckige, gestreckte Form.

### FIĽAKOVO

Die Ruinen und die rekonstruierten Teile der Burg auf dem Felsen inmitten der Stadt ergeben von allen Seiten eine interessante Silhouette. Im 16. Jh. war sie 40 Jahre lang Sitz des Fülöker – der alte Name ist vom deutschen Vieleck abgeleitet – Sanschaks des osmanischen Reiches. Nachdem die Türken zurückgedrängt worden waren, gelang es ihnen 1689 die Stadt abermals einzunehmen, wobei die Burg zerstört wurde.

# EINE RARITÄT DER NATUR IM SLOWAKISCHEN KARST

## DIE ARAGONITHÖHLE VON AUCHTEN (OCHTINSKÁ ARAGONITOVÁ JASKYŇA)

### ŠIVETICE

Südlich der Eltsch (Jelšava) liegt ein traditionsreicher Ort mit gemauerter Volksarchitektur – Šivetice. Auf einer Anhöhe, innerhalb des Friedhofes, steht eine Rotunde mit typisch romanischer Gliederung der Außenwand – die Kirche der hl. Margit. Der älteste Teil aus der ersten Hälfte des 13. Jh. ist der Triumphbogen mit der anschließenden Apsis. An der Stelle des nicht mehr existierenden Schiffes wurde erst im 18. Jh. ein halbkreisförmiger Raum angebaut, sodass ein Gebäude auf einem Vollkreis entstand. Besonders schön sind die Wandmalereien aus dem 13. und 14. Jh.

Unter den slowakischen Höhlen gibt es einige Eishöhlen. Die meisten sind jedoch Tropfsteinhöhlen mit bizarren Gebilden und Farben. Aragonithöhlen gibt es in Europa nur einige, abzählbar an zwei Händen. Eine wurde 1954 in der Slowakei entdeckt. Sie befindet sich in der Nähe der Gemeinde Auchten (Ochtiná), etwas westlich von Rosenau (Rožňava). Zu erreichen ist sie über die Abzweigung vom Sattel über der Eltsch (Hrádok nad Jelšavou, 590 m). Die eigenartig geformten Ablagerungen, die teilweise annähernd überdimensionalen Igeln gleichen, sind ungewöhnlich reizvoll. Die Entstehung ist auch eine ganz andere, als bei den üblichen Tropfsteinen, die durch das Abtropfen von eingedrungenem Oberflächenwasser gebildet werden. Hier dagegen ist eine außergewöhnlich hohe Luftfeuchtigkeit (etwa Nebel) verantwortlich, die kalkhaltige, wässrige Lösungen zu rhombischen Kristallen von Kalziumkarbonat auskristallisieren lässt. Deshalb sehen manche Gebilde dem Raureif ähnlich. Die Auchtener Argonithöhle (*siehe Zentralbild*) ist auf der UNESCO-Liste des Weltnaturerbes.

Neben den Hügeln am Südrand des Slowakischen Erzgebirges (Slovenské rudohorie) befindet sich ein Tafelgebirge ganz anderer Art als die umliegenden Berge. Es gehört zum circa 500 km² großen Nationalpark „Slowakischer Karst" (Slovenský kras). Zwei große Tafelberge stehen im Mittelpunkt und erheben sich bis zur Höhe von 500 m über die Täler. Im Dolomit und in den Kalken aus dem Trias, über weite Strecken sehr karg bewohnt, gibt es zahlreiche typische Karsterscheinungen. Durch den Einsturz von Hohlräumen entstanden trichterförmige Vertiefungen, Felsspalten, Kamine und Schächte, die bis zu 180 m tief sind. Zwei Flüsse teilen die Tafeln durch tiefe Furchen, und obwohl sie selbst in einem ande-

ren Gebiet entspringen, erhalten sie zahlreiche Zuflüsse von unterirdisch verlaufenden Gewässern. Den typischen Karstbewuchs – Buschwerk und niedrige Bäume – verursachten im Prinzip eigentlich die Menschen durch großflächige Abholzungen, wodurch Weideland gewonnen werden sollte. Das verkarstete jedoch sehr schnell und wurde dadurch unbrauchbar.

Südlich von Rosenau ist die Gemeinde

### SILICKÁ ĽADNICA

Im Karstgebiet befindet sich die Silicer Anhöhe. Unter ihr ist ein breites Höhlensystem. Den Vorraum bildet die 91 m tiefe Kluft – Silická ľadnica – in der sich das ganze Jahr hindurch das Eis hält. Eine weitere Kluft ist die eindrucksvolle Brázda (205 m).

Brzotín, wo der Fluss Slaná in einen schmalen Cañon eintritt. In Brzotín befinden sich Reste einer Burg aus dem 14. Jh. und vier klassizistische Kurien.

In diesem Gebiet gibt es auch sieben Höhlen, von denen zwei Tropfsteinhöhlen zugänglich sind: die Domica und die Gombasecker Höhle (Gombasecká jaskyňa). Beide sind sehr unterschiedlich. Die Letztere – circa 1,5 km lang – wurde erst 1952 entdeckt und hat eigenartige, fadenähnliche Stalaktiten, die bis zu 2,5 m lang, jedoch überwiegend nur 0,5 cm dick sind. Dagegen ist die Domica – circa 21 km Gesamtlänge – ein sehr schönes Labyrinth von Gängen, Sälen, unterirdischen Flussläufen, die einen See bilden, auf dem Kahnfahrten möglich sind, und das bereits seit dem 18. Jh. bekannt ist. Für die Erschließung setzte sich der Karpathenverein ein.

*Bilder oben: Gombasecker Höhle*

# DIE GRÖßTE UND SCHÖNSTE KIRCHE DER SLOWAKEI

## DER ELISABETHDOM IN KASCHAU (KOŠICE)

**DER URBANTURM UND DIE MICHAELSKAPELLE**

Beide Objekte befinden sich in unmittelbarer Nähe des Elisabethdomes. Für den ursprünglich gotischen Turm (*Bild oben*) goss Franz Mathias Illenfeld 1557 die große Urbanglocke. 1628 wurde der Turm im Renaissancestil umgebaut. Mitte des 19. Jh. fiel die Glocke durch einen Brand herab und nach Zusammensetzung ihrer Bruchteile wurde sie auf dem freien Platz zwischen Turm und Dom ausgestellt. Für den Turm wurde eine neue Glocke gegossen. Der Bau der gotischen Michaelskapelle wurde im 14. Jh. als Kirche des längst nicht mehr existierenden Friedhofs begonnen. Nach Fertigstellung des Presbyteriums mit dem Triumphbogen wurde die Arbeit unterbrochen und danach mit einem reich gegliederten Portal und dem Erzengel Michael abgeschlossen.

Zu einer repräsentativen Stadt wurde Kaschau schon in der zweiten Hälfte des 14. Jahrhunderts. Zu dieser Zeit genügten ihr nicht mehr die mittelalterlichen Burgen. Im sog. Pentapolitanum – der ostslowakischen Städtegemeinschaft – hatte Kaschau eine führende Stellung militärisch wie auch wirtschaftlich. Die Stadt erstand für sich etliche Privilegien und diese Konjunktur machte sich natürlich auch im Bauwesen jener Zeit bemerkbar.

Die Entstehung großer architektonischer Werke verbindet man für gewöhnlich mit bedeutenden Persönlichkeiten. Meist sind es nicht belegte Legenden, von denen sich Menschen meist schwer, oder gar nicht gewillt sind zu trennen.

Das betrifft auch die lange Zeit sich haltende Entstehungsgeschichte des Kaschauer Domes: Die Forschung widerlegte aber die aus der Vergangenheit stammende Verbindung der Entstehung des Domes mit dem Namen von Villard de Honnecourt. Da das Presbyterium mehrere Vorlagen, wie auch verschiedene chronologische Anzeichen aufweist, ist auszuschließen, dass das Projekt von diesem französischen gotischen Baumeister stammt, der zwischen 1244–47 in Ungarn lebte. Und so ist der Autor der ersten Bauphase (1380–1420) unbekannt. Gemäß den Plänen wollte man eine fünfschiffige Basilika mit zwei Türmen bauen, und als Vorlage sollte der Dom von Xanten (Rheinland) dienen.

An den nachfolgenden Erneuerungsarbeiten beteiligten sich schon bekannte Meister (Meister Stefan aus Kaschau, Nikolaus Krompholz aus Schlesien, Imre Steindl) und der Dom erhielt den Charakter einer französischen Basilika.

Sie folgt bis in das kleinste Detail dem Drang in die Höhe und bildet eine Ausnahme im Sakralbau der Slowakei, ja Un-

garns. Und so konstatiert Albert Apponyi, dass „die Neigung zum metaphysischen Denken sowie die Empfänglichkeit für das Übernatürliche... in der ungarischen Kunst

nur im beschränkten Maße vorhanden ist…" Erst die Vereinfachungen nach deutschem Vorbild prägten unübersehbar die Kunstlandschaft Ungarns, und das in jenen Landstrichen, in denen die Deutschen an der Entfaltung der städtischen Kultur maßgeblich beteiligt waren: in der Slowakei und in Siebenbürgen. In diesen Regionen entstanden typische Hallenkirchen mit kompakten Stützelementen, die mit den Wänden verbunden sind.

Drei Fassaden boten den Steinmetzen Flächen, die sie für einzigartige Kompositionen mit zahlreichen Plastiken nutzten. Am meisten verziert und künstlerisch am wert-

vollsten ist die nördliche Fassade, die das Jüngste Gericht zeigt. Bemerkenswert ist das sehr hohe Pastophorium, das 1477 Meister Stefan gestaltete.

Zum Komplex des Elisabethdomes gehören noch die Michaelskapelle und der Urbanturm. In der Mitte des Hauptplatzes stehen noch das Staatstheater (19. Jahrhundert) und eine sehr schöne Figurengruppe mit der Zentralfigur der Immaculata (18. Jahrhundert), aufgestellt auf dem ehemaligen Richtplatz. Auf dem Hauptplatz stehen noch die Kirchen der Jesuiten und Franziskaner, beide Kirchen mit Klöstern (*Bild auf der nächsten Seite*).

# WER IST DER WAHRE AUTOR DER PRACHTVOLLEN SKULPTUREN?

## ÜBER DEN ALTAR DER HL. ELISABETH
## IM DOM VON KASCHAU

**DAS STAATSTHEATER**

steht auf dem Marktplatz. Ein sezessionistischer Bau der Jahre 1897–99. Er hat eine systematische Gliederung mit einem malerisch gestalteten Dach, das in eine große Kuppel, geschmückt mit allegorischen Figuren, übergeht.

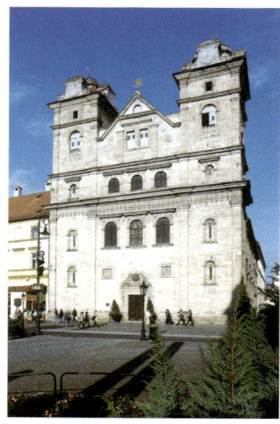

**DIE JESUITENKIRCHE**

wurde in der zweiten Hälfte des 17. Jh. errichtet. Aufmerksamkeit weckt die Größe und Schönheit des zweitürmigen Baues, obwohl er im üblichen Schema an andere Jesuitenkirchen erinnert. Eine Besonderheit ist die unverputzte, aus behauenen Quadersteinen bestehende Fassade. Das Innere ist ungewöhnlich reichhaltig gestaltet.

Wer die Plastiken und die gemalten Tafeln zwischen den Jahren 1474 und 1477 geschaffen hat, ist nicht bekannt und mangels an Vergleichsobjekten ist die Suche nach den Künstlern bisher ergebnislos verlaufen. Auch sonstige Hinweise in den spätgotischen Elementen des Altars (mit Übergang zur Renaissance), der einer der schönsten in der Slowakei ist, sind nicht zu finden.

Im Altarschrein stehen die realistisch wirkenden 2,50 m großen Figuren der alttestamentarischen Elisabeth, der Madonna und der Elisabeth von Ungarn (der späteren Königin von Thüringen), alle in Gewändern mit reichem Faltenwurf.

In der Vergangenheit suchte man die Bildschnitzer unter den einheimischen Künstlern. In letzter Zeit vermutet man Autoren aus dem Ausland. Am wahrscheinlichsten war der Schöpfer Gregor Erhardt aus Ulm (Württemberg). Der ikonografische Aufbau stützt sich auf die Persönlichkeit der Elisabeth von Ungarn (Thüringen), die Patronin der Kirche.

Auf den inneren Tafelflügeln sind Bilder, die den Inhalt des Altarschreins ergänzen. Es geht um zwölf eindrucksvolle Bilder aus dem Leben der hl. Elisabeth. Auf den geschlossenen inneren Flügeln und der Vorderseite sind vierundzwanzig Bilder mit dem Passionszyklus, die eine Menge stark belebter Szenen aufweisen. Auf der Rückseite der Außenflügel befinden sich Darstellungen aus dem Leben Marias.

Obwohl die zwölf Darstellungen mit den weiteren vierundzwanzig aufeinander abgestimmt sind, geht es offensichtlich um zwei verschiedene Autoren. Der Elisabethzyklus stammt von einem bedeutenden, stark von der spätgotischen Malerei beeinflussten Künstler, der seine Vorbilder wahrscheinlich in den Kölner Marienszenen sah. Die anderen beiden Zyklen stammen wahrscheinlich von seinen Gehilfen. Beachtenswert ist auch der Sockel im Schrein mit den fünf klugen und den fünf törichten Jungfrauen, ein Hinweis auf die richtige Entscheidung der Elisabeth, ihr Leben der Buße und Mildtätigkeit zu weihen.

Aber, wer hat dieses Werk konzipiert, über wahrscheinlich große Entfernungen ko-

ordiniert und schließlich den Zusammenbau durchgeführt? Es war sicher kein unbedeutender Künstler, auch wenn er uns unbekannt geblieben ist. Während der Restaurierung änderte sich interessanter Weise die Reihenfolge der Bilder.

Den wertvollen spätgotischen, buchstäblich größten europäischen Altarkomplex, sind noch einige Nebenaltäre beigeschlossen. Von großem Wert sind die spätgotischen Plastiken ungarischer Nationalheiliger – des heiligen Stefan, heiligen Ladislaus und heiligen Emmerich. Sie sind an Pfeilern angebracht. Die Statuen des großen Kreuzweges befinden sich auf dem Parapett des südlichen Oratoriums vom Beginn des 14. Jahrhunderts. Aufmerksamkeit verdient auch die Arbeit des Meisters Johann Szillassy, vor allem seine große, sehr wertvolle und schöne Monstranz (1770).

## DIE HÄUSER AUF DEM MARKTPLATZ

Auf dem größten spindelförmigen Straßenmarktplatz der Slowakei stehen etliche Paläste und Bürgerhäuser, die durch ihre unterschiedlichen Fassaden die reiche Vergangenheit der Stadt dokumentieren. Einige fallen besonders auf: das Forgách-Palais, das röm.-kath. Pfarrhaus, das einstige Komitatshaus. In dem abgebildeten Haus befindet sich heute der Sitz des Verfassungsgerichts.

# HINREISSENDE FRESKEN

## DIE KIRCHE VON DEUTSCHENDORF
## (POPRAD)

### FELKA (VEĽKÁ)

Ein besonders schönes Beispiel für die zahlreichen evangelisch-lutherischen Toleranzkirchen – so bezeichnet nach dem Toleranzpatent Josef II., das den Lutheranern unter bestimmten Einschränkungen massive Kirchen zu bauen gestattete – ist die Kirche in Felka. Typisch ist ihr Grundriss, der fast der Kreuzform entspricht. Sie gehört zu den größten Kirchen ihrer Art und ihre Außenwände sind durch die sinnvolle Verwendung von Risaliten, Lisenen, Pilastern und der zweigeschossigen Anordnung der Fenster sehr harmonisch gegliedert.

Die sog. alte katholische Kirche auf dem spindelförmigen Marktplatz ist ein frühgotischer Bau vom Ende des 13. Jh. und war lange Zeit für die Öffentlichkeit gesperrt. Vor einigen Jahren wurde sie rekonstruiert, sodass sie nun wieder ihrer alten Funktion dient. Die Wiederherstellung hatte keine Eile, da sich die katholische Gemeinde in den Jahren 1939–42 eine neue Kirche errichten ließ. Jedoch die lange Schließung der Kirche verursachte irreparable Schäden. Auch die interessanten und schönen Fresken aus der zweiten Hälfte des 15. Jh. waren davon betroffen, und zwar so sehr, dass eine komplette Wiederherstellung wegen zu vieler fehlender Teilflächen nicht mehr möglich war. Und so sind heute nur Teilbereiche wieder hergestellt, zwischen denen kahle Flächen geblieben sind.

Besonders schön dargestellt sind die Szenen der Heiligen drei Könige oder das Letzte Gericht. Die im Hintergrund sichtbaren Berge sollen die Bergwelt der Slowakei darstellen. Da die Stadt am Fuße der Hohen Tatra liegt, bot sich die Einbeziehung der Berge an, was aber seinerzeit nur im beschränkten Ausmaß genutzt wurde. Leider sind der reiche Sgraffitoschmuck und die Renaissancequaderung des neben der Kirche freistehenden Glockenturmes bei der letzten Restaurierung nicht wieder hergestellt worden. Das überlieferte

Chronistikon datiert den Bau des Turmes in das Jahr 1659, was aber event. auch als 1660 gelesen werden kann. Keinesfalls kann jedoch das bisher angeführte Datum 1658 oder 1663 akzeptiert werden.

123

# GÜTE, WEISHEIT UND AUSGEGLICHENHEIT

## DIE PLASTIK DES HL. STANISLAUS IN GEHANSDORF (GÁNOVCE)

### DER NEANDERTALER VON GEHANSDORF

Kaum jemand würde heute in dem unscheinbar wirkenden Travertinhügel einen früheren Steinbruch vermuten und schon gar nicht eine Thermalquelle, die vor mehr als 100 000 Jahren ein besiedelter Ort war. Höhlen und die Nähe warmer Quellen waren aufgesuchte Orte, wo sich damals häufig Menschen aufhielten. 1926 fanden hier Arbeiter des Steinbruchs einen ungewöhnlich geformten Travertinklumpen. Erst nach 30 Jahren erkannte man, dass es sich um die Füllung der Gehirnschale eines Neandertalers handelte.

Die unauffällige Gemeinde Gehansdorf, in der Nähe von Deutschendorf (Poprad), ist bekannt als archäologischer Fundort und als historisches Bad. Auffällig ist auch die Kirche des hl. Michael und deren Innenausstattung.

Wer ist wohl der Autor dieses circa 1,6 m hohen Standbildes des hl. Stanislaus auf dem gleichnamigen Altar? Und woher nahm dieser die Grundlagen eine Figur zu bilden, aus der so viel Weisheit, Güte und Läuterung spricht? Eine zu reiche Aussage von einem Heiligen, von dem bis zu dieser Zeit kaum etwas bekannt war. Erst neuere Forschungen charakterisieren ihn als den, wie ihn der Künstler gesehen hat und daher wahrscheinlich gekannt haben muss: als eine religiöse Gestalt seiner Zeit, einen Mann von Herzensreife, Demut, Ausgewogenheit und Takt. In der kleinen röm.-kath. Kirche, die aus der zweiten Hälfte des 13. Jh. stammt und wo auch Fresken aus dem 14. Jh. „schlummern", steht der hl. Stanislaus in einem Seitenaltar, einem Fragment, dem ein Flügel und das Gesprenge fehlen. An die Herkunft knüpfen sich noch weitere Fragen, da die Plastik bis 1808 in der Kirche in Hoheselz (Hozelec) gestanden hat. Früher kamen sicher mehr Menschen in diese Kirche, als Gehansdorf noch ein gern aufgesuchter Kurort war, dessen Anlagen nach der Schließung dem Verfall preisgegeben waren. So ist es still geworden in diesem etwas abseits von der Hauptverkehrsstraße gelegenen, einstmals ältesten Badeort der Slowakei.

*Auf gegenüberliegender Seite:*
*Statue des hl. Stanislaus*

**Oben:** *Kirche in Gehansdorf*

**Unten:** *Fresken*

# DAS GEHEIMNISVOLLE LÄCHELN

## DIE HL. MARGARETE VON MÜHLENBACH
### (MLYNICA)

Die heilige Margarete – die besonders vom östlichen Ritus verehrte – lächelt geheimnisvoll und verklärt, in der rechten Hand ein Kreuz haltend und mit den Füßen auf den Drachen tretend. So hat Meister Paul aus Leutschau (Levoča) die hl. Margarete im Schrein des Hauptaltars dargestellt. Beinahe erscheint der große Flügelaltar im Presbyterium der röm.-kath. Kirche in Mühlenbach zu groß, jedenfalls aber zu hoch, denn die höchste Fiale des Gesprenges stößt an das Gewölbe und steht etwas schief. Den Maler der zwölf Tafeln, der vier Begleitfiguren und der Predella kennen wir ebenso wenig, wie den Schnitzer der Plastiken des Gesprenges.

Der Altar stammt aus den Jahren 1515–20 und war eine Bestellung von Margarete, der Tochter von Johann Thurzo, dem seinerzeit der Ort gehörte. Von der alten romanischen Kirche ist nur noch der dicke Turm vorhanden, während das Schiff im ersten Drittel des 15. Jahrhunderts gotisch umgebaut wurde.

*Oben: Kirche der hl. Margarete, Äußeres*
*Beide weiteren Bilder zeigen den Hauptaltar*

# REICHTUM DES TATRAVORLANDES

## DIE ALTÄRE DER GEORGSKIRCHE
## IN GEORGENBERG (SPIŠSKÁ SOBOTA)

**DIE HÄUSER VON GEORGENBERG**

Viele der alten schönen Häuser des Marktplatzes sehen äußerlich fast gleich aus. Trotzdem weisen sie viele Varianten auf, wie z.B. in der Anordnung der Fenster, der Lisenen oder der Tore. Zwei Typen sind grundsätzlich zu unterscheiden: Die mit der Giebel zum Platz stehenden Häuser, deren Giebeldreiecke aus der Durchdringung eines einfachen Satteldachgiebels mit einem Walmdach entstanden sind und jene, die in späteren Jahren eine Veränderung erfuhren, als der First und die Traufe parallel zur Straße verlegt und Rinnsale eine zu kostspielige Angelegenheit wurden. Auf dem Marktplatz steht auch das Geburtshaus des berühmten Barockbild-hauers Johann Brokoff. Heute entstanden in den alten Häusern gemütliche Gaststätten.

Das unter Denkmalschutz stehende Ge-orgenberg ist heute ein Stadtteil von Deutschendorf (Poprad). Offensichtlich geht es um ein geschichtlich zusammengehören-des Gebiet. Das beweist auch der spindel-förmige Marktplatz, der gerahmt ist von Re-naissance-Häusern. Auf dem Platz stehen das ehemalige Rathaus, eine Barocksäule und die Kirche des hl. Georg, die ein anziehen-des Objekt ist.

In der spätromanischen Kirche aus dem ausgehenden 13. Jh., später im Barockstil umgestaltet (beim Umbau wurde die Ein-wölbung des quadratischen Schiffes mit Hilfe einer nachträglich eingezogenen Säule stabilisiert), stehen innerhalb der reichen

Ausstattung noch fünf hervorragende Flügelaltäre. Den Hauptaltar, ein Georgsaltar, schuf 1516 Meister Paul aus Leutschau (Levoča). Auffallend ist das ebenmäßig schöne, fast kindliche Antlitz des hl. Georg. Die wirkungsvolle Predella ist eine nur wenig abgewandelte Version des Jakobsaltars in Leutschau. Die Betroffenheit des Judas scheint hier geringer zu sein; um so wirkungsvoller erscheinen die Gestalten der übrigen Jünger – des Wein einschenkenden Apostels und des Apostels mit dem geschlachteten Tier.

Die vier weiteren Flügelaltäre stammen etwa aus derselben Zeit – Ende des 15. und Beginn des 16. Jh. Die Gestalt des Hauptheiligen auf dem Altar, des hl. Antonius, ist ein Frühwerk Meister Pauls. Die acht hervorragenden Tafelmalereien des Flügelaltars enthalten die Legende vom hl. Antonius und stammen von Hans Moler. Bei der Madonna auf dem Marienaltar von 1470 fällt ihre jugendliche S-förmige Körperhaltung auf. Ähnlich verhält es sich mit der Plastik der hl. Katharina des gleichnamigen Altars in Leutschau. Die zwei vor dem Triumphbogen stehenden Altäre stammen aus der Werkstätte in Kaschau (Košice). Ähnlich sind sich die Gesichter von Nikolaus, Augustinus und Hieronymus im rechten Altar, während der linke eine bewegende Bearbeitung des Motivs der Anna-Selbdritt zeigt.

Bei der Kirche steht ein Renaissance-Glockenturm von 1588, der im 18. Jh. barockisiert wurde.

*Die Kirche des hl. Georg und ihr Inneres: Plastiken (Letztes Abendmahl und der Kampf des hl. Georg mit Drachen) und der Hauptaltar*

# DIE UNGARISCHEN HEILIGEN UNTER DER TATRA

## GROSSLOMNITZ (VEĽKÁ LOMNICA)
## UND MATZDORF (MATEJOVCE)

**IN MATZDORF SETZTE MAN AUF DIE INDUSTRIE**

1277 erhielt die Gemeinde Matzdorf die königlichen Privilegien. Schon im Mittelalter blühte hier das Handwerk, vor allem die Kürschnerei, die Gerberei die Knopfindustrie, die Seilerzeugung und Kunstschlosserei. An diese Tradition knüpfte man im 19. Jh. an. Als Carl August Scholtz 1845 seine Eisenwarenhandlung gründete, ausgerichtet auf die Erzeugung von Hufeisen und Kuhglocken, ahnte keiner, dass sich daraus mit der Zeit ein großes Unternehmen entwickeln würde, das Ende des Jahrhunderts zum größten Hersteller von Emailgeschirr werden sollte.

Großlomnitz entstand zu Beginn des 13. Jh. und war schon in der Neolit-Zeit besiedelt.

Die spätromanische Kirche der hl. Katharina (*Bild links*), gebaut im 13. Jh., wurde 1412 umgebaut. Die neuzeitlichen Renovierungsarbeiten brachten etliche Überraschungen. Großes Aufsehen erregten Fresken der Ladislauslegende, entdeckt erst nach dem 2. Weltkrieg. Es geht um seinerzeit beliebte und oft dargestellte Szenen aus dem Leben des ungarischen Königs Ladislaus I. (1040–95), wie es ihm gelang, eine schöne hochgestellte Dame aus den Händen der Kumanen zu befreien, wobei sie ihm mit einem Stock half, den Feind zu besiegen. Die hiesige Darstellung gehört zu den schönsten dieser Art. *Links unten:* Kampf des hl. Ladislaus mit den Kumanen, *Bild rechts:* Altar des hl. Nikolaus.

Auch Matzdorf besitzt einen Altar mit ungarischen Heiligen. Nach 1450, als sie der Matzdorfer Meister anfertigte, gehörte das Städtchen zu den 13 an Polen verpfändeten Zipser Gemeinden. Trotz unsicherer Zeiten konnte sich der talentierte Maler hier durchsetzen. Unbestritten ist, dass er aus der Nürnberger- und Prager Schule hervorging. Dank seines Elans überwand er später den gotischen Idealismus und fand seinen eigenen Ausdruck im spätgotischen Realismus. Wirkungsvoll ist sein sorgfältiger Stil, mit dem er seine Figuren zeichnete und seine Detailgenauigkeit. Auf seinen Bildern gibt es keine untergeordneten Flächen. Auf dem Zentralbild sind die ungarischen Könige, die beiden Heiligen, Stefan I. und sein Sohn und designierter Nachfolger, der noch zu Lebzeiten des Vaters verstorbene Emmerich, beide als Ritter dargestellt. Etwas von dem großen Verlust, den der Vater erlitt und den das junge Königreich Ungarn überwinden musste, ist auf den beiden Tafelbildern zu spüren, die unten links den Tod Stefan I. und rechts den Tod Emmerichs zeigen. Bei der Bestimmung der Entstehung der Altartafeln half das Bild des hl. Bernhardin von Siena: es ist kaum anzunehmen, dass ein außerhalb Italiens unbekannter noch vor seiner Heiligsprechung in einem Altar abgebildet worden wäre.

# STADT UND HOCHGEBIRGE

## KESMARK (KEŽMAROK)

### DIE ERSTEN TOURISTEN – DIE SONDERLINGE

Großes Aufsehen erregte der Ausflug von Beate Łaska zum Kesmarker Grünen See (Kežmarské Zelené pleso), unternommen 1565. Sie war die zweite, um 21 Jahre ältere, sehr reiche Frau des Schlossherrn von Kesmark – Olbracht Łaski, dessen private Beschäftigungen und Ambitionen das Vermögen seiner Frau aufbrauchten. Das unkonventionelle Verhalten seiner Frau bot ihm die Möglichkeit, sich ihres Vermögens zu bemächtigen. Elf Jahre nach dem Ausflug kam sie nach Kaschau, wo sie nach kurzer Zeit starb. Sie ging als erste, namentlich bekannte Touristin in die Geschichte der Hohen Tatra ein.

Es gibt selten eine Stadt, die an der Erschließung eines ihr benachbarten Hochgebirges und an der Entwicklung der Touristik in diesem, so weitgehend beteiligt gewesen ist wie Kesmark, wodurch auch die einmalige Verflechtung zwischen dieser Stadt und der Hohen Tatra entstand. Kesmark liegt im Deutschendorfer (Poprad) Kessel im Flusstal der Popper (rieka Poprad). Es ist keine Stadt in den Bergen; diese sind aber eine von der Stadt nicht wegzudenkende Kulisse. Die Hohe Tatra (Vysoké Tatry) bildet schon auf allen alten Stichen den nicht zu übersehenden Hintergrund der Stadt.

Außerdem war Kesmark eine königliche Freistadt, eine bedeutende Handels- und Handwerksstadt, die auf der Kreuzung alter Handelswege mit Polen lag. Archäologische Ausgrabungen belegen die Besiedlung dieses Gebietes schon zur Urzeit – angebl. schon vor zehntausend Jahren. Wertvolle Funde aus Kesmark bestätigen entwickelte heidnische Kulte. Die Entstehung von Fundamenten eines großen sakralen Baues aus der ersten Hälfte des 13. Jh. weist auf Einflüsse sächsischer Besiedlung hin. Trotz der nicht besonders günstigen Witterungsbedingungen, die die Stadt hatte (Kessellage bedingt Kälte, Feuchtigkeit und Inversion), lockte sie stark vor allem Abenteurer, Geschäftsleute und Gebildete an. Im 16. Jh. wurde die Kesmarker Schule gegründet, die das Statut eines Lyzeums erhielt. Aus dieser hervorragenden Bildungsstätte gingen mehrere slowakische Patrioten, aber auch viele deutsche und ungarische Gebildete hervor. Das Lyzeum hatte aufgeschlossene Wissenschaftler als Lehrkräfte, die Stadt besaß eine rührige Beamtenschaft, und so wurde Kesmark ein bedeutendes Bildungs- und Wirtschaftszentrum.

Heute erscheint vieles selbstverständlich. Wen konnte es jedoch früher reizen, nähere Bekanntschaft mit einem so unwirtlichen

*Linke seite:* Ein Gässchen in Kesmark, *rechts unten:* Die evangelische Kirche, *rechts oben:* Das Diorama von Scholz

Hochgebirge zu suchen? Nur abenteuerli-
che Naturen wie Schatzsucher und Wilde-
rer, Jäger und später Hirten überwanden
die Furcht und entdeckten als Erste, was die
Täler und die nahen Berge alles bieten können. Dann kam die Zeit des Dranges nach
neuen Erkenntnissen und Ausflüge in die
Berge, organisiert von Professoren des Lyzeums mit ihren Schülern. Schließlich kam
das Sammeln von Heilkräutern und die
Tätigkeit der Landvermesser hinzu. Der Realismus der Renaissance, begründet auf dem
Studium der Antike, weckte das Interesse
für die Natur und Literatur und führte zur
Entwicklung der Malerei. Und dann kam die
Zeit, in der Wandervereine gegründet wurden – Kesmark war 1873–83 Sitz des Ungar-
ländischen Karpatenvereins und 1920–44
Sitz des nachfolgenden Karpatenvereins. Mit
der Aktivität dieses Vereines ist alles verknüpft, was die organisierte Touristik in der
Slowakei begründete: Neue Pfade wurden
erschlossen, Wege markiert, Bergführer und
Bergrettungsdienste organisierten sich und
nicht zuletzt der Naturschutz. Später kamen Wanderer und Bergsteiger, die durch
Vervollkommnung der Klettertechnik immer
schwerere Routen erschlossen.

## DAS DIORAMA VON ERNST SCHOLZ

1938 malte Ernst Scholz für
eine Ausstellung in Kaschau
ein außergewöhnlich großes
Bild von 4 x 2,5 m. Es zeigt
die Ostseite der Hohen Tatra
mit den darunter liegenden
Orten, unter denen Kesmark
das Zentrum bildet. Das Bild
enthält eine ungewöhnliche
Anzahl an Details: Da sind
viele gebürtige Kesmarker
versammelt, als Erstbe-
steiger (David Fröhlich),
Naturforscher (Georg
Buchholtz d. Jüngere und
Thomas Mauksch) und auch
die Łaskis fehlen nicht. Das
20. Jh. mit seiner großen
Erschließungstätigkeit, unter
anderem mit Persönlich-
keiten wie Alfred Grosz oder
František Lipták, müssen wir
uns dazudenken.

# „DIE STRAHLENDE SONNE BERÜHRTE DAS LEUCHTENDE STERNBILD DER WAAGE..."

## DER GLOCKENTURM IN KESMARK (KEŽMAROK)

**DIE HANDWERKSHÄUSER**

Malerisch wirkt die Gruppe zweigeschossiger Häuser mit Giebeldächern auf dem Kesmarker Hauptplatz. Die Dachböden dienten als Speicher und interessant sind auch die Hausein-fahrten.

Das angeführte Zitat ist der wesentliche Teil des frei aus dem Lateinischen übertragenen großen Chronistikons, das auf die Fertigstellung des Turmes Bezug nimmt. Er ist der schönste unter den vielen freistehenden Türmen in der Slowakei und wird deshalb als der „goldene Turm" bezeichnet. Stilmäßig gehört er der Renaissance an und ist reich an Sgraffitoverzierungen. Warum man gerade in der Zips so oft auf freistehende mediterrane Campanili stößt, hängt mit dem Reichtum der Städte im 15. und 16. Jh. zusammen, die sich diese Glockentürme leisten konnten. In den alten Kirchen war für große Geläute kein Platz und die statischen Gegebenheiten waren ungeeignet. Auch wusste man aus Erfahrung, dass solche Glocken größere Horizontalkräfte erzeugen. Meist waren die Glocken Eigentum der Stadt und der kam es gelegen, dass sie ihr Eigentum in eigene Baulichkeiten anlegen konnte. In der Reformationszeit war die Frage des Läutens bei Begräbnissen unproblematisch. Später, als der größte Teil der Bevölkerung wieder katholisch wurde, kam es zu Konflikten. Die Kirchen wurden rekatholisiert und die Evangelischen mussten das Läuten oft erzwingen, auch wenn es schon seit 1688 gesetzlich verankert war.

Der Kesmarker Glockenturm wurde auch in einer Zeit gebaut, als sich die Reformation allgemein durchsetzte (*Bild links*). Wie so oft wurde auch dieses Chronistikon unterschiedlich ausgewertet, wofür das schlecht lesbare Wort „lucidus" verantwortlich war. So wurde neben der richtigen Auslegung „1591" öfter das Jahr „1586" erwähnt, obwohl das Jahr der Fertigstellung des Turmes auf seiner Rückseite gemeinsam mit dem Sgraffito von „H.B. (Hans Birchenzweig) 1591" angeführt ist. Der Baumeister des Turmes war Ulrich Materer.

Der Glockenturm steht unmittelbar neben der röm. kath. Kreuzkirche, einer außen massig wirkenden, innen lichtdurchfluteten gotischen Hallenkirche, mehrmals umgebaut und erweitert. Die Kirche hat eine wertvolle Innenausstattung – alte Plastiken sowie einen erst Ende des 19. Jh. zusammengesetzten Hauptaltar, Tafelmalereien, weiter die Kesmarker Madonna aus dem frühen 16. Jh. (*Bild rechts*), den Katharinaltar aus dem Jahre 1493, auf dessen Bildern alle

Fliesenböden schon perspektivisch gemalt sind. Außerdem sind hier noch einige weitere bemerkenswerte Altäre und sakrale Gegenstände.

## DAS SCHLOSS

Der gotische Kern der Burg – errichtet im 14. und 15. Jh. – steht teilweise am Platz, wo früher die Elisabethkirche gestanden hat. Später kam es zu zahlreichen Erweiterungen und Umbauten, im 16. Jh. im Stil der Renaissance. Das Schloss hatte mehrere Eigentümer – die Familien Zapolya, Łaski, Thököly und Rueber. Erst 1702, resp. 1720 konnte die Stadt das Objekt kaufen. Schön ist die frühbarocke Kapelle von 1658. Die Altartafeln, die Bilder an den Wänden befassen sich mit der Darstellung von Szenen aus dem Neuen Testament. Sie werden ergänzt durch Bilder, die Stefan I., Emmerich und Adalbert zeigen, weiter Engel, die das Wappen der Thökölys halten.

## DAS RATHAUS

In der Stadtmitte steht das Rathaus (*Bild unten*). Seine jetzige Form stammt aus dem Jahr 1922 und ist das Ergebnis etlicher Umgestaltungen (es brannte öfter ab). Die ursprünglich im Stil der Renaissance erbaute Attika wurde im 20. Jh. klassizistisch umgebaut. Es kam ein drittes Geschoss hinzu. Der Barockturm ist eine Kopie des Turmes der St.-Peterkirche in Salzburg.

# DAFÜR MUSSTE WELTWEIT GESAMMELT WERDEN

## DIE EINZIGARTIGE HOLZKIRCHE VON KESMARK (KEŽMAROK)

### DAS LYZEUM UND SEINE BIBLIOTHEK

Neben der Holzkirche steht das alte evangelische Lyzeum von 1775, das im 19. Jh. zweimal erweitert wurde und dessen Ruf als hervorragende Bildungsstätte – teilweise mit Universitätscharakter – weit über die Landesgrenzen reichte. Am Gebäude befinden sich zwei lateinische Inschriften. Unermesslichen Wert hat die Lyzeumsbibliothek mit ihren 150 000 Bänden, eine der reichsten und größten Schulbibliotheken Europas. Die Autoren des Bücherbestandes sind Wissenschaftler aller Fachbereiche und die Bücher sind meistens in deutscher, ungarischer und lateinischer Sprache geschrieben. Darunter befinden sich etwa sechzig Erstdrucke aus der Zeit vor dem Jahre 1500 und an die dreitausend Titel aus dem 16. Jh.

Ende Mai 1688 machten sich zwei Bürger Kesmarks auf den Weg, um in den protestantischen Ländern Europas für den geplanten Neubau einer Holzkirche entsprechend den Artikeln des Ödenburger (Sopron) Landtages von 1681 zu sammeln, da die 1688 errichtete Holzkirche nur ein kleines Provisorium war, das alle Mittel der Gemeinde verschlungen hatte. Als nach zweieinhalbjähriger Reise die Bürger heimkehrten, hatten sie 792 ungarische Gulden gesammelt, von denen 274 als Reingewinn zurückgelegt wurden, da während des Aufstandes Franz Rákoczi II. die katholische Kirche zur Verfügung stand und später wieder die alte Holzkirche benutzt wurde.

Erst 1717 wurde sie abgerissen und auf derselben Stelle – ca. 200 m vor dem damaligen oberen Tor – die neue Holzkirche errichtet. Der Größe nach erinnerte sie an

die ältere Leutschauer Artikularkirche, die nach einem Projekt von Georg Müttermann in der Form eines griechischen Kreuzes erbaut wurde. In den folgenden Jahrhunderten sind zahlreiche Sicherheitsmaßnahmen – Stahlstützen, massive Fundamente – notwendig geworden.

Die wirkungsvolle Innenausstattung wird noch durch Wandmalereien mit biblischen

Szenen (von Maler Mayer) und langen Texten aus der Bibel unterstrichen. Das Gewölbe soll das Himmelszelt suggerieren. Der
barocke Altar (aus den Jahren 1718–27)
und die Kanzel (1717) sind hervorragende
Werke und sind von Johann Lerch angefertigt worden. Im Zentrum des Altars befindet
sich eine Kreuzigungsszene, flankiert von
Moses und Aron. Die Kanzel ruht auf den
Schultern eines Engels. Auf den Bildern
sieht man Christus, die Propheten, die
Evangelisten und die Wappen der Familien
Bethlenfalvy (urspr. Goldberger) und
Mauksch. Das Taufbecken aus Sandstein
aus dem Jahre 1690 stammt aus der alten
Holzkirche und war das Geschenk eines
Bürgers aus Nürnberg.

Den Protestanten in Kesmark dient auch
heute die sog. Neue Kirche aus dem Jahre
1894, erbaut im neubyzantinischen Stil. Im
18. Jh. entwickelte sich das Handwerk und
schon 1715 gab es 263 Betriebe.

## DAS SCHLOSS VON NEHRE
## (STRÁŽKY)

### DIE RÖMISCH-KATHOLISCHE KIRCHE

ist ein kleiner gotischer Bau ohne Turm aus dem 15. Jh., in dem sich beachtenswerte Kunstwerke befinden. Von den ursprünglichen Wandmalereien wurde u.a. ein Passionszyklus aufgedeckt (*Bilder oben und Zentralbild*). Auch drei Altäre, zwar unvollständig aber wertvoll, befinden sich hier. Zwei Glanzstücke der Gotik, die sog. Madonna von Nehre und der hl. Andreas befinden sich in der Slowakischen Nationalgalerie in Preßburg (Bratislava).

*Zentralbild: Inneres der Nehrer Kirche*

Die Geschichte des Nehrer Schlosses (eine der ältesten Gemeinden in der Nähe von Kesmark) ist eng verknüpft mit dem Beginn und dem Ende der Wirkungszeit einer bekannten Zipser Familie als Besitzer des Schlosses. Gregor Horvath (1558–97) erbte den Herrschaftssitz von seinem Vater Markus, der als „Held von Szigeth" (Szigetvár) für die Verteidigung der Festung von Ferdinand I. das Schloss als Belohnung erhielt. In den Jahren 1570–90 errichtete Gregor ein Schloss im Renaissancestil mit drei Flügeln, unter Verwendung von anderen Gebäudeteilen – zwei Basteien der ursprünglichen gotischen Burg (*Bild auf gegenüberlieg. Seite*). Gregor war hochgebildet und kannte die Welt, außerdem ein konsequenter Verfechter von Luthers Lehre, gegenüber den Anhängern des Philipp Melanchtons. 1584 gründete er eine höhere evangelische Adelsschule, die den Hochschulzugang vermitteln sollte. Für die Schule verpflichtete er mehrere ausgezeichnete Lehrkräfte. 1711 endete durch die Gegenreformation die Existenz der Schule. Gregor war ein Freund und Kenner der bildenden Kunst und war gegen die Praktiken der Reformation Kirchen „auszuräumen". Das Übertünchen von Wandbildern konnte er nicht verhindern, aber alles andere blieb unangetastet.

Im 18. Jh. wurde der vierte Schlossflügel errichtet und auf zwei Seiten des Hofes Arkaden eingebaut. Da die Familie Horvath keine männlichen Nachkommen hatte, kamen andere Namen in die Familiengeschichte, u.a. Mednyanszky und Czobel.

Ladislaus Mednyanszky (1852–1919) machte sich als Porträtmaler einen Namen in ganz Europa. Seine begabte Nichte Margit Czobel (1891–1972) trat in die Fußstapfen ihres berühmten Onkels. Sie ist im Schlosspark begraben.

Das Schloss verfiel nach und nach und erst Ende der 70 er Jahre des 20. Jh. wurde der ursprüngliche Zustand wieder hergestellt und eine Außenstelle der Slowakischen Nationalgalerie eingerichtet. (Sein Äußeres ist *auf dem rechten Bild* zu sehen.) In ihr wurde den Werken von Ladislaus Mednyanszky und Margit Czobel ein besonderer Platz zugewiesen.

## DER GLOCKENTURM

ist ein interessantes Bauwerk im Stil der Renaissance
aus dem Jahre 1629 (*siehe
oberes Bild*), dessen Kern
wahrscheinlich ein Wachturm
ist. Der Turm hat einen
reichen Sgraffitoschmuck.

139

# GESCHNITZTE SÄULEN
# UND KASSETTENDECKE

## DIE RÖMISCH-KATHOLISCHE KIRCHE
## IN BIERBRUNN (VÝBORNÁ)

### LANDECK (LENDAK)

Die römisch-katholische Stiftskirche ist ein kunsthistorisch bedeutendes Bauwerk, bei dem der Raumtypus der zweischiffigen Zipser, nachträglich eingewölbten Kirchen, mit Hilfe einer eingezogenen Mittelstütze verwirklicht wurde. Unter den vier Altären hat der spätgotische Flügelaltar aus der Zeit um 1500 gleich zwei verbindende Linien mit Leutschau (Levoča): die Plastiken des hl. Nikolaus, der Madonna und des hl. Johannes sind von demselben Schnitzer wie die des Maria-Schnee-Altars. Die Tafeln malte Hans Moler. Eine andere Verbindungslinie führt von der Prozessionsmadonna aus dem späten 14. Jh. nach Alt–Ötting (Bayern).

### WINDSCHENDORF (SLOVENSKÁ VES)

Die römisch-katholische Kirche war ursprünglich gotisch und hatte mächtige Stützpfeiler. Dann wurde sie mit Hilfe eines in der Mitte angebrachten Stützpfeilers eingewölbt. Später entfernte man den Pfeiler und das Gewölbe und die Kirche wurde barockisiert. Im barocken Hauptaltar steht eine schöne dunkelhaarige Madonna aus der Werkstatt Meister Pauls aus Leutschau, geschaffen etwa 1510–15. Auch sie steht auf der Mondsichel und symbolisiert so den Sieg über das Dunkel der Nacht. Das schöne Bronzetaufbecken aus dem 15. Jh. gehört jedoch nicht zu der ursprünglichen Einrichtung. Es ist reich verziert mit Ornamenten und Figuren.

Die interessante Kirche (*alle Bilder beziehen sich auf sie*) wurde gotisch im 14. Jahrhundert mit teilweise mächtigen Mauern und einem gewölbten Presbyterium erbaut. Nach Abbruch des Gewölbes im 16. Jahrhundert bekam das Schiff mit dem Presbyterium eine Kassettendecke. Diese ruht auf zwei spiralförmig geschnitzten Holzsäulen und in den 48 Kassetten befinden sich wertvolle Renaissancemalereien. Reizende Szenen sind auch in den Feldern der Brüstung zu sehen.

Von der Chronologie her ist es jedoch falsch, in dieser Kirche eine Vorläuferin der später zweischiffig gewordenen, bisher 17 erhaltenen Zipser Kirchen zu sehen. Es ging um einen Ausklang dieser Konstruktionen und eine der wenigen Kirchen der Nordslowakei, bei der das Schiff nie massiv eingewölbt war, im Gegensatz zu den zahlreichen Objekten in der Südslowakei. Das Taufbecken stammt aus dem Jahr 1585, der Hauptaltar von 1720 ist erheblich jünger.

# DER BERG, DER ZUM NATIONALSYMBOL WURDE

## KRIVÁŇ, DAS MATTERHORN DER SLOWAKEI

### DER SYMBOLISCHE FRIEDHOF

Ist der Berg Kriváň ein Symbol des Aufbruchs in die Zukunft, ist der Symbolische Friedhof eine Gedenkstätte, ein Platz der Einkehr, der Rückschau, denn Gräber findet man hier keine. Die Idee, für jeden tödlich Verunglückten ein geschnitztes Holzkreuz im Detvaer Stil, oder eine Gedenktafel anzubringen, hatten der Maler Otakar Štáfl und der Redakteur Alojz Lutonský. Die ersten Holzkreuze wurden 1932 errichtet, 1940 wurde der Friedhof offiziell eröffnet – schon mit 50 Kreuzen und 15 Gedenktafeln. Inzwischen bestehen Bedenken, ob durch die laufend hinzukommenden Opfer der Rahmen der Idee nicht gesprengt würde, zumal auch einige Opfer noch nicht bedacht wurden. Diese würdig gestaltete Anlage befindet sich in der Nähe des Poppersees (Popradské pleso) und ist leicht zu Fuß zu erreichen.

Viele Prädikate werden diesem einmaligen Berg, der als westlicher Eckpfeiler der Hohen Tatra (Vysoké Tatry) nach drei Seiten vollkommen freistehend weithin sichtbar ist, zugeschrieben. Lange hielt man den Kriváň für den höchsten Berg der Hohen Tatra (wie auch andere Berge diesbezüglich überschätzt wurden). Die erste belegte Besteigung (4. 8. 1772) ist mit dem Namen des evangelischen Pfarrers Andreas Jonas Czirbesz verbunden, was danach zu einem wachsenden Interesse für diesen Berg führte.

Viele bekannte Persönlichkeiten erklommen seine Spitze, aber auch solche, für die es nur eine Prestigesache war. Auch der Bergbau hatte hier seine Interessenten und man baute einige Jahrhunderte hindurch in 2000 bis 2400 m Höhe, Gold, Zinn und Antimon ab. Schon früh drang der Berg Kriváň in die slowakische Poesie und Literatur ein. Und als Folge der Begeisterung national bewusster Schriftsteller, die bis in die Gegenwart reicht, erhielt der Kriváň einen symbolischen Charakter – man könnte sagen, dass er zum nationalen Berg, zum Symbol dieses Landes wurde.

Er ergänzt auch wunderbar die Szenerie der Gemeinden (*auf dem Bild oben:* Kirche im Museum von Pribylina, der Kriváň im Hintergrund).

## DER KRIVÁŇ (2494 m) ALS HERAUSFORDERUNG

Er ist ein Berg, der provoziert. Auch die touristisch nur durchschnittlich befähigten Bewohner dieser Region betrachten es als ihre Pflicht, wenigstens einmal diesen Berg zu bezwingen. Die Aufstiege werden meist vom Tschirmer See aus unternommen und zwar seit dem 18. Jh. Sogar der sächsische König, August II. der Starke, soll in Begleitung der Liptauer Aristokraten den Berg erstiegen haben. Aber auch Kletterer finden an ihm schwerere Routen.

# DAS TOR ZUR
# HOHEN TATRA

## VÝCHODNÁ, VAŽEC, PRIBYLINA

### WIE IST DIE HOHE TATRA ENTSTANDEN?

Jeder, der die Gelegenheit hat, aus dem Auto oder aus dem Zug die monumentale Festung der Hohen Tatra und ihrer Nachbarn – der Westlichen Tatra und der Belaer Kalkalpen (Belianske Tatry) zu beobachten, wird vom einzigartigen Bild tausend Meter hoher Fluchten, die von keinem Vorgebirge verdeckt sind, ergriffen sein. Von dieser fantastischen Kulisse wurden viele Maler inspiriert. Aus morphologischer Sicht ist die Situation eine Folge eines großen Bruchs, der das frühere Vorgebirge unter sich begrub. Dagegen sind auf der polnischen Nordseite die Vorgebirge erhalten geblieben.

Seitdem sich der Verkehr nicht mehr auf den alten Straßen durch die engen und langen Orte schlängeln und im Winter die starken Steigungen überwinden muss, ist es in dieser Lokalität unter der Hohen Tatra ruhig geworden. Heute erinnert sich kaum jemand noch an diese harte „Reisezeit". Aber jeder Ort, der so nahe am Hochgebirge liegt, besitzt etwas Anziehendes und auch Besonderes.

So ist z.B. Východná durch jährliche volkskundliche und folkloristische Darbietungen einigermaßen bekannt geworden. In dem weiten Gebiet stehen Holzplastiken, die ein gnadenloser Kritiker einst als Totempfähle bezeichnet hat. Im Ort selbst sind noch typische Holzhäuser zu sehen, auch wenn die meisten keine originellen Schindeldächer mehr haben.

Važec kann mit keinem Holzhaus aufwarten, da der gesamte Ort 1931 abgebrannt ist. Die Geschichte des Ortes führt bis 1280 zurück (und ihr ursprünglicher Namen war Gerhard, nach dem Richter, der das Gemeinwesen gründete). Den Ort besuchen die Leute wegen der Tropfsteinhöhle, die schon lange bekannt war, 1928 teilweise eröffnet, aber erst 1954, nach ihrer Verlängerung auf 235 m, der Öffentlichkeit zugänglich gemacht wurde. Zu bewundern sind hier wunderschöne schneeweiße Tropfsteine.

In Pribylina interessierten sich die Besucher früher nur für die gotische Madonna, die in dem frühbarocken Seitenaltar steht.

Dieses Interesse zeigt sich in der Gegenwart seltener. Heute interessiert vor allem der Skansen „Múzeum liptovskej dediny", ein Freilichtmuseum mit zahlreichen Holzhäusern von ganz typischer Art. Die Kirche von Liptovská Mara und das Kastell von Parížovce (diese Gemeinden verschwanden mit dem Bau des Staudammes) sind gute Ergänzungen der Naturszenerie, sodass ein Querschnitt des bäuerlichen und bürgerlichen, wie auch des Lebens des Kleinadels sichtbar wird.

*Auf der gegenüberliegenden Seite: Važec, im Hintergrund die Hohe Tatra*

*Oben: Freilichtmuseum in Pribylina, gotisches Kastell von Parížovce*

*Darunter: Holzplastiken im Amphitheater in Východná*

145

# WILDE SCHÖNHEIT

## WINKEL UND DOMINANTEN
## DER TATRA

**DER FLUCH DES KARFUNKELTURMS**

Nach einer Sage soll sich auf dem Gipfel ein Karfunkelstein befunden habe, der Tag und Nacht das Tal und den See mit seinem rosigen Licht überflutete. Die schöne Tochter eines Hirten wollte nur demjenigen ihr Jawort geben, der ihr den leuchtenden Stein herunterholen würde. Mit Lebenseinsatz erklomm ein Jüngling den Turm und als er den Stein ergriff, entriss ihm diesen eine Wassernixe des Grünen Sees und warf den Stein in den See. Die Nixen zogen auch den Jüngling in die Tiefe und behielten ihn sowie den Stein.

Für jene, die in der Hohen Tatra Touren unternehmen möchten, gibt es eine unglaubliche Menge an Möglichkeiten, die Schönheiten dieser Bergregion kennen zu lernen. Es sind Seen, Höhen, Tiefen, Berge Täler, Wasserfälle, Hütten, Gratwanderungen. Es gibt auch Stellen und anspruchsvolle Teile der Bergwelt, die ohne Arwendung der Klettertechnik nicht zu bewältigen sind. Doch man kann sich wenigstens des Anblicks erfreuen. So verhält es sich mit dem Tal des Grünen Sees (Dolina Zeleného ple-

sa) umgeben von den Bergen – der Kesmarker Spitze, der Lomnitzer Spitze, dem Schwalbenturm und über viele andere Gipfel bis zum Karfunkelturm.

Der Grüne See (*Bild unten*) hat in einem Gebirgskessel eine unglaublich schöne Lage und ist zu drei Viertel seines Umfangs von hohen steilen Felswänden umgeben. Darunter befinden sich die mächtige Nordwand der Weber-Spitze (Malý Kežmarský štít) und der Karfunkelturm (Jastrabia veža). Selten geht von einem Kessel ein solcher Reiz aus, der in einem ganz großen Kontrast zu dem ebenso schönen, aber lieblichen Landschaftsbild am Tschirmer See (Štrbské pleso) steht. Beide bilden die Pole der Hohen Tatra, und man sollte sie gesehen haben!

### DIE LOMNITZER SPITZE (LOMNICKÝ ŠTÍT)

ist der zweithöchste Berg der Hohen Tatra und Kulminationspunkt der Lomnitzer Gruppe, die mit ihren Nachbargipfeln – darunter dem Gipfelpaar der Kesmarker Spitze und der Weber-Spitze (Kežmarský štít, Malý Kežmarský štít) – ein Massiv von großer Wirkung bildet. Seine schlanke Pyramide ist besonders wirkungsvoll im Panorama von Kesmark (Kežmarok), Zipser Bela (Spišská Belá) und Großlomnitz (Veľká Lomnica). Nicht nur von diesen Orten aus wirkt die Lomnitzer Spitze dominanter als die Gerlsdorfer (Gerlachovský štít), sodass sie lange Zeit für den höchsten Berg der Hohen Tatra gehalten wurde. Dank der Seilbahn, erbaut 1940, die auf die Lomnitzer Spitze führt, wurde diese zum meist aufgesuchten Ort der Hohen Tatra.

# SAGENUMWOBENE PERLEN

## DIE SEEN DER HOHEN TATRA

### FANGARME DER MEERE

Die Seen der Hohen Tatra nannte man in alten Zeiten Meeraugen. Diese romantische Benennung beruht auf einer überlieferten Sage, dass die Tatraseen durch unterirdische Kanäle mit dem Meer in Verbindung stehen, sodass sie bei heftigen Meeresstürmen in Bewegung geraten, Wellen schlagen und wild schäumen. Bisweilen sollen auch Balken von gestrandeten Meeresschiffen in die Meeraugen gespült worden sein. Eine kaiserliche Kommission sollte 1751 die Stichhaltigkeit dieser Sage ermitteln (als ortskundiger Führer fungierte übrigens der Kesmarker Nadlermeister Jakob Buchholtz), die natürlich keine Beweise finden konnte. Trotzdem hielt sich die Sage bis in die Neuzeit und noch im Sommer 1940 soll jemand im Poppersee (Popradské pleso) einen Koffer von einem im Meer untergegangenen Schiff gefunden haben.

Entkleidet der romantischen Sagen, ist die Entstehung der Seen eine ziemlich prosaische Angelegenheit. Die mächtigen Tatragletscher der 3. und 4. Eiszeit hinterließen bei ihrem letzten Rückzug ausgedehnte Moränen und Talterrassen, deren Steilstufen, so genannte Seewände, muldenartige Vertiefungen entstehen ließen, in denen sich Wasser sammelte. Diesem Umstand verdankt das Gebirge ihren Reichtum an Seen mit mehr als 20 Hektar Größe, aber auch solche mit kaum 100 Quadratmeter Ausmaß. Manche sind Dominanten eines einmalig schönen Landschaftsbildes, wie es der Tschirmer See (Štrbské pleso) ist. Der Blick von seiner Südseite ist so wunderbar, dass er nicht wenigen Künstlern eine Inspiration war.

Der Entstehungsmechanismus der Seen war nicht immer der gleiche. In manchen Fällen entstanden schalenförmige Gruben und in diesen die sogenannten Karseen,

z.B. der Große Hinzensee (Vel'ké Hincovo pleso).

Einige Seen liegen in schwer zugänglichen Talkesseln und sind somit eine Oase der Ruhe im Bereich der wilden und unberechenbaren Bergwelt.

Andere Seen liegen verborgen in hohen schattigen Kesseln und sind die meiste Zeit des Jahres mit Eis und Schnee bedeckt.

Das Wasser der heutigen Seen ist kaum als Gletscherwasser zu betrachten, denn im Laufe der Zeit wurde es durch Wasser von Niederschlägen ersetzt. Aber sie gehören zu den schönsten Szenerien der Hohen Tatra.

Eine weitere Attraktion der Tatra sind die zahlreichen Wasserfälle, die besonders nach der Schneeschmelze mit großen Wassermengen herunterstürzen. Diese reich gegliederten Naturschönheiten bieten natürlich eine Überfülle am touristischen Möglichkeiten (Wanderungen, Klettertouren I–VII).

*Die am häufigsten besuchten Seen der Tatra: Tschirmer See (ganz links), Poppersee und Velker See*

# AUF WENIGER BEKANNTEN WEGEN

## DIE SCHÖNHEIT DER TATRA
## GESEHEN AUS DER DISTANZ

**CHRISTIAN KRAFT FÜRST VON HOHENLOHE-ÖHRINGEN**

Als er 1879 die Herrschaft von Javorina erwarb, zu der die ausgedehnten Gebiete der ungarischen Nordseite der Hohen Tatra sowie Teile von Landeck (Lendak) gehörten, war er ein erfolgreicher Unternehmer, Politiker und eine in der Gesellschaft hoch angesehene Persönlichkeit. Mit viel Geschick vermehrte er seine Besitzungen und erwarb Gebiete auch auf der Südseite des Gebirges. Er war ein großer Jagdliebhaber und die aufwendige Hege seiner Wildbestände, die er um neue Arten bereichern wollte, verschlang sein Vermögen, sodass er in Verkaufsverhandlungen eintreten musste, die 1926 durch seinen Tod unterbrochen wurden. Der Besitz, mit 26 Mill. Kronen verschuldet, fiel zuletzt der Tschechoslowakischen Republik zu. Er und seine Gattin sind auf dem Friedhof von Javorina begraben.

150

Die meisten Touristen, die in die Hohe Tatra kommen oder die Zips (Spiš) besuchen, benutzen die zwei Hauptwege. Der eine führt an den Kurorten vorbei, die an den nach Süden und Osten gerichteten Abhängen liegen, der andere führt durch die Städte der Zips, Deutschendorf (Poprad), Kesmark (Kežmarok) und noch andere Lokalitäten. Nur wenige Besucher wählen Wege abseits des Hauptverkehrs; aber gerade diese führen den Besucher zu Orten, die ganz andere, ungewöhnliche Ansichten der Berge und Täler ermöglichen.

Tschirm (Štrba – *Bild unten* zeigt den Blick auf Tschirm und die Tatra) ist durch Verlegung der Hauptstraße schon vor etwa 60 Jahren ins Abseits geraten. Mengsdorf (Mengusovce) und Stollen (Štôla) – Gründungsorte von Klöstern – sind als Geburtsorte guter Bergführer bekannt (Ján Ruman und andere). Botzdorf (Batizovce) mit seinen zwei Schlössern und Gerlsdorf (Gerlachov) liegen unterhalb der Zentralen Tatra. In nördlicher Richtung zweigt ein weniger frequentierter Weg ab, der vorbei an Ždiar nach Polen führt. In dieser 5 km lan-

gen Gemeinde befinden sich etliche architektonisch bemerkenswerte Häuser (*oben*). Auffallend sind die geschlossenen Innenhöfe, die einen starken goralischen Einfluss aufweisen. Nicht zu vergessen ist Tatranská Javorina, das von seinem letzten privaten Besitzer, dem Fürsten Hohenlohe-Öhringen geprägt wurde und der die Holzkirche von 1902 (*links*) und sein aus Holz errichtetes Jagdschloss hinterlassen hat, bei dem ein Hotel gebaut wurde.

# DIE HOHE TATRA – DAS SIND BLEIBENDE EINDRÜCKE

DIE HOHE TATRA VERBINDET HIMMEL UND ERDE, VEKNÜPFT DAS GRÜN DER WIESEN UND WÄLDER UND DAS GRAU DES STEINES MIT DEM BLAU DES FIRMAMENTES, DIE ANMUT MIT DER HERAUSFORDERUNG, DIE SEHNSUCHT MIT DER ERFÜLLUNG...

### KONZENTRIERTE HOCHGEBIRGSSCHÖNHEIT

Viele bezeichnen die Tatra als Alpen im Kleinen. Von weitem hat man den Eindruck, sie mit einem Blick einfangen zu können, denn sie wirkt kulissenhaft. Der bogenartige Hauptkamm (in ostwestlicher Richtung mit Ausläufern nach Süden) misst 26 km. Den Hauptkamm bilden die „Zweitausender", unter denen die Eistaler Spitze (2627 m) der höchste ist. Vom Hauptkamm zweigen Kämme mit bedeutenden Bergen ab, darunter auch die Gerlsdorfer (höchster Berg der Tatra: 2655 m) und die Lomnitzer Spitze. So liegen die höchsten Berge, bedingt durch geologische Prozesse in den Seitenkämmen. Wenn man von der Tatra spricht, meint man meist die Hohe Tatra. Im weiteren Sinne teilt man die Tatra in die Westliche und Östliche Tatra. Die Östliche in die Hohe und die Belaer Kalkalpen. Mit dem terminologischen Gegenstück zur Hohen Tatra – der Niederen Tatra, bezeichnet man das südlich parallel laufende Gebirgsmassiv.

Über die Entstehung der Hohen Tatra erzählt man sich folgende Sage: Nachdem Gott die Welt erschaffen hatte, schickte er einen Engel zur Erde, um sie noch mit einigen Schönheiten zu bereichern. Als der Engel mit seinem Sack voll Schönheiten über das kleinste Hochgebirge flog, ließ er sich zu weit herabsinken, streifte dabei einen Berggipfel und der verbog sich. Aus diesem Grund können wir heute den Berg Kriváň bewundern. Das ist aber nicht alles! Dem erschrockenen und ungeschickten Engel riss dabei der Sack und herausfielen mehr Schönheiten als vorgesehen waren. Das Ergebnis sind die Seen, Täler, Talkessel, Wasserfälle, Bächlein, Gämsen und eine ungewöhnlich bunte Flora. Es dauerte ziemlich lange, bis es dem Menschen bewusst wurde, dass diese wunderbare Welt beschützt werden muss.

*Zentralbild: Blick auf die Hohe Tatra von der Passhöhe Čertovica*

*Oben: Hohe Tatra im Gegenlicht*

*Unten: Blühende Wiese im Weißwassertal*

# EIN KLEINOD DER GOTISCHEN BAUKUNST

## DIE KIRCHE DES HL. LADISLAUS IN DONNERSMARK (SPIŠSKÝ ŠTVRTOK)

### EIN SCHÖNER STILZUSAMMENKLANG

Die ursprüngliche spät-romanische Kirche des hl. Ladislaus wurde 1263 errichtet. Das quadratische Presbyterium erhielt im 14. Jh. ein Kreuzgewölbe, während das Schiff erst im Rahmen einer nach 1493 durchgeführten und 1747 erneuerten Barockisierung durch ein Tonnengewölbe eingedeckt wurde. Es ersetz-te die bis dahin vorhandene flache Holzdecke, die wegen einer oder mehrerer sich lockernden Zwischenstützen abgetragen werden musste. Während der Restaurierung der Grabkapelle (*auf dem Bild im Vordergrund*) erhielt auch der Turm seine heutige Form.

Am Ende eines nach drei Seiten abfallenden Bergrückens steht weithin sichtbar und dominierend die röm.-kath. Kirche des hl. Ladislaus. Ihr First wird von der angebauten Zapolya-Kapelle etwas überragt. Durch die Verbindung zwischen der spätromanischen Kirche mit ihrem ungegliederten Grundriss und der hochgotischen, straff gegliederten Grabkapelle entstand ein äußerst interessanter Bau, dessen Teile in einem starken spannungsgeladenen Kontrast zueinander stehen. Die zwei Geschosse hohe Grabkapelle ließ 1473 der Palatin Stefan Zapolya für seine Familie nach Plänen von Hans Puchsbaum anbauen. Dieser bekannte Baumeister ließ sich von den französischen Palastkapellen, besonders der ca. 250 Jahre älteren Ste. Chapelle in Paris, inspirieren. So entstand ein Skelettbau, der auch in den Details Ähnlichkeiten mit dem Stefans-Dom in Wien zeigt. Beide Geschosse, die gedrückte Unterkapelle – sie ist mit einem unterirdischen Gang mit dem ehemaligen Kloster verbunden – und der obere, in die Höhe strebende Teil der Kapelle, stehen in einem großen Kontrast zueinander. Abgeschlossen sind sie durch ein schönes Netzgewölbe, eine Spezialität von Hans Puchsbaum.

Der Flügelaltar der Oberkapelle, ein pseudogotisches Werk vom Ende des 19. Jahrhunderts, hat ein schönes Tafelbild, das den Tod Mariens darstellt. Es ist ein einzigartiges Werk und über seine Herkunft wurde lange gerätselt. Inzwischen weiß man, dass das Bild, gemalt im Jahre 1450, aus Nürnberg stammt und der Autor wohl der Nürnberger Meister des Tucher-Altares ist, der in der Frauenkirche steht. Parallelen gibt es in der Komposition, der Gestaltung der Figuren, der satten und schweren Farben und schließlich wurde in Erlangen bei Nürnberg eine Skizze gefunden, die alle diese Annahmen bestätigt.

Nach der Fertigstellung ihrer zweiten Grabkapelle am Martinsdom des Zipser Kapitels verloren die Zapolyas das Interesse an der Kapelle in Donnersmark, und kein einziges Familienmitglied wurde hier zur letzten Ruhe gebettet.

Inzwischen verfiel die Kapelle nach und nach und erst um die Jahrhundertwende (19.–20. Jh.) wurde sie restauriert.

*Auf dem Bild oben:* Hauptaltar in der Grabkapelle mit dem Bild Tod der Jungfrau Maria

*Unten:* Detail des Bildes

# DER HEILIGE LAURENTIUS MIT SEINEM ROST

## DIE RÖMISCH-KATHOLISCHE KIRCHE IN KABSDORF (HRABUŠICE)

BETELSDORF
(BETLANOVCE)

Das heutige Rathaus ist ein schönes, ausgewogenes Kastell aus der Zeit der Renaissance, das von Peter Feigel und dessen Frau Helene – eine Enkelin von Johannes Thurzo – Mitte des 16. Jh. errichtet wurde. Es ist eines der ersten Schlösser seinerzeit, bei denen auf Türme und andere Befestigungen verzichtet wurde. Leider konnten die reichen Sgraffiti und der hölzerne Gang, der um das Gebäude lief, nicht gerettet werden.

### SCHAWNIK
(SPIŠSKÝ ŠTIAVNIK)

Auf dem Platz eines schon lange nicht mehr existenten Zisterzienser-Klosters steht das beachtenswerte große Schloss, das je zwei eckige und runde Ecktürme besitzt. Es ging zur Zeit, als die Thökölys die Besitzer waren, aus jener Festung hervor, die mit den Steinen der Ruine des Klosters errichtet worden war. Die Kapelle des Schlosses kam erst Mitte des 17. Jahrhunderts dazu.

Das bewaldete Gebiet westlich von Zipser Neudorf (Spišská Nová Ves) hat viele altertümliche Niederlassungen. Das gilt auch für Kabsdorf, wo sich eine Siedlung schon in der La-Tène Zeit befand. Erwähnt wird Kabsdorf schon im 13. Jh. 1676 wurde es von den Kuruzzen (ungarische Aufständische gegen die Habsburger) niedergebrannt. Lokalitäten mit Namen, wie Räuberfelsen (Zbojnícka skala) und Räubersteig (Zbojnícky chodník) bezeugen, dass die umliegenden Wälder von bestimmten sozialen Gruppen aufgesucht wurden.

Am meisten bewundert wird jedoch die röm.-kath. romanischgotische Kirche des hl. Laurentius mit ihrer Wandmalerei (alle Bilder). Auf dem Hauptaltar fesselt die Skulptur dieses Heiligen: Auffällig ist, dass bei der Darstellung des hl. Laurentius immer der Rost, auf dem er den Märtyrertod erlitt,

besonders betont wird. Bei den übrigen Heiligen treten ihre Attribute meist nicht so in den Vordergrund. Auch im Schrein des Hauptaltars in Kabsdorf aus dem Jahre 1510–20, hat der Künstler (bezeichnet meist als Schnitzer der Kabsdorfer Figuren) den Rost groß und geometrisch exakt ausgeführt (Bild rechts oben). Das lässt einen interessanten Kontrast zu den bewegten Gewändern der Gestalten entstehen. Neben Laurentius sind es die Madonna und Stefan. Historisch ist die Gestalt des Laurentius kaum belegt, und im Laufe der Zeit haben sich verschiedene Legenden um ihn gesponnen. Im Jahre 258 soll er auf dem Rost umgekommen sein. Er wollte nämlich als Finanzverwalter den Kirchenschatz vor dem Zugriff der kaiserlichen Steuereinnehmer bewahren, da er für die Armenfürsorge zuständig war. Darauf bezieht sich auch das

oberste linke Tafelbild. Auffällig ist das jugendliche Gesicht der Laurentiusgestalt. Das bezieht sich auch auf Stefan den Märtyrer, von dem jedoch manches aus dem Lukas-Evangelium bekannt ist. Sicher wollte der Schnitzer die von den Römern geschätzte Mannestugend – die Furchtlosigkeit vor dem Tode – hervorheben, und da hätte ein abgeklärtes Antlitz wohl kaum die erwünschte Wirkung erzielt.

In den Gesichtern der Plastiken ist wenigstens eine Spur der Charakterisierung erkennbar. Mehr verrät der Faltenwurf der Kleidung, der den Betrachter zur Madonna nach Neusohl (Banská Bystrica) führt und man sieht, dass die beiden Madonnen und die dortige Barbara von ein und demselben Schnitzer stammen. Die vier Tafeln aus dem Leben des Laurentius, sowie die acht Tafeln des geschlossenen Altars mit dem Passionszyklus, stammen von Hans Moler und sind ganz hervorragende Arbeiten.

# WUCHTIGE MAUERN
# AUS ALTER ZEIT

## DIE KIRCHE DER ANTONITER IN DRAUZ
## (DRAVCE)

### DAS KOMITAT DER 10 ZIPSER LANZENTRÄGER

In keinem Teil der Slowakei gab es neben den im ganzen Land verstreuten etwa 25 königlichen Freistädten so viele mit großen Privilegien ausgestattete selbst verwaltete Städtebünde, wie in der Zips (Spiš). Neben großen Zusammenschlüssen spielten auch die im Bereich eines ungefähren Dreiecks zwischen Deutschendorf (Poprad), Leutschau (Levoča) und Zipser Neudorf (Spišská Nová Ves) gelegenen Orte, die als Grenzwachen entstanden waren, eine gewisse Rolle. Zu ihren Pflichten gehörte im Kriegsfall dem König 11 Lanzenträger zu stellen, daher auch der Name. Die Selbstverwaltung konnte das später als Kleines Komitat bezeichnete Gebilde bis in das 19. Jh. hinein halten. In den heute teilweise ganz kleinen Dörfern gibt es nur noch selten wertvolle Kunstwerke, wie z.B. das schöne Altarbild in Abrahamsdorf (Abrahámovce).

Östlich von Donnersmark (Spišský Štvrtok) in Richtung Leutschau liegt Drauz, die Gemeinde der einstigen Bewacher königlicher Ländereien. Erwähnt wird es schon im 13. Jh. Der Name geht offensichtlich auf die Zucht von Raubvögeln – wahrscheinlich Falken – zurück, die zur Jagd gebraucht wurden. Im Ort selbst steht eine frühgotische Kirche aus dem 13. Jh. noch mit der ursprünglichen Einrichtung.

Auch dem Laien fallen sicher die mächtigen Strebepfeiler an der Süd- und Westfront dieser röm.-kath. Kirche auf (Bild rechts) und der Fachmann stellt sich die Frage, ob so viel Mauerwerk wohl nötig war, oder es der Ängstlichkeit bzw. der Unerfahrenheit des Baumeisters zuzuschreiben ist. Diese Vermutungen beantworten jedoch nicht die Frage nach der Entstehung der Kirche. Diese wurde 1288 zusammen mit dem sich an

die Südseite anschließenden Kloster der Antoniter erbaut. Darin wurde das älteste „Krankenhaus" der Zips eingerichtet, verbunden mit einem Armenhaus und einer Unterkunft für Reisende. Diese Einrichtungen hielten sich bis ans Ende des 16. Jh. Dann begann das Klostergebäude zu verfallen; später wurde es abgerissen. Heute sind nur noch Fundamentreste neben der Kirche sichtbar. Die Wände des Klosters, die auf die Kirche zuliefen, wurden zu Stützpfeilern verkürzt. Als im 19. Jh. den massigen Westturm der Kirche ein Blitzschlag schwer beschädigte, wurde er abgerissen und von den Längswänden des Turmes blieben nur die dreifach abgestuften Strebepfeiler der Westfront erhalten.

Die Kirche ist ein wertvolles Kulturdenkmal. Die Statue des Antonius von 1450 wirkt herb und ist mit seinem symmetrischen Faltenschema noch früheren Zeiten verpflichtet. Der ältere gotische Altar der hl. Elisabeth befindet sich im Museum. Die vier Altäre sind aus jüngerer Zeit. Im Schrein des Hauptaltars stehen 3 Plastiken – Maria, Vir dolorum und Johannes aus dem 15. Jh. (*Bild rechts*). Großes Aufsehen erregten seinerzeit die 1928–31 zufällig gefundenen und aufgedeckten Fresken. Sie sind von hoher Qualität und der byzantinische Einfluss ist unverkennbar (*Bild links unten*).

Zu den ältesten Werken aus der Hälfte des 14. Jh. gehört die schön gestaltete Verkündigung mit einem fast schwebenden Erzengel Gabriel und eine ungewöhnlich stilisierte Maria mit dem Kinde, das Johannes den Täufer als Vorläufer Christi darstellen soll. Dazu gehören noch eine Kreuzigung und eine Antoniuslegende. Die zweite Gruppe, die voraussichtlich um 1400 entstand, bringt Teile eines Passionszyklus. Sie hat aber nicht die darstellende Qualität der älteren Bilder.

# DER MITTELALTERLICHE RAHMEN

## DER HAUPTPLATZ IN LEUTSCHAU
## (LEVOČA)

### DAS RATHAUS

Unmittelbar neben der Jakobskirche steht das Rathaus (*Zentralbild*), das bis 1955 der Verwaltung zur Verfügung stand. Sein Kern ist ein gotischer Bau, der an alte deutsche Rathäuser erinnert. Seine heutige Form ist das Ergebnis mehrerer Umbauten nach Bränden und Erweiterungen. Besonders einschneidend war der Umbau der Arkaden und des Turmes aus der Mitte des 17. Jh., da dieser eine neue Glocke aufnehmen musste. Die Barockelemente wurden, mit Ausnahme des Turmes, Ende des 19. Jh. beseitigt und durch eine neurenaissancistische Gestaltung ersetzt. Schön ist das Ratszimmer mit einer wertvollen Truhe (dessen Verschluss ursprünglich funktionsuntüchtig war). Die Familie Thurzo schenkte diese Truhe einem Bürger von Göllnitz (Gelnica), dem es gelang, die Truhe zu öffnen und so ihren lange Zeit unbekannten Inhalt aufzudecken. Die Nachkommen dieser neuen Eigentümer gaben die Truhe als Leihgabe dem Museum.

Die Häuser und besonders ihre Fassaden verraten in historischen Städten der Slowakei dem Betrachter, wann das Gemeinwesen seine letzte Blüte erreicht hatte, denn danach sind kaum noch größere Veränderungen an ihnen vorgenommen worden. Deshalb lässt sich aus dem Stadtgepräge ersehen, ob es um eine Handwerker-, Bergbau- oder Handelsstadt geht. Was erzählen demgemäß die Vorderansichten der Häuser auf dem Marktplatz in Leutschau? Eindeutig überwiegen Fassaden aus der Zeit der Renaissance und des Klassizismus und der Stadtcharakter weist auf eine Handels- und Handwerkerstadt, später auch Beamtenstadt, hin.

Von den mehr als 60 Häusern, überwiegend aus dem 14. und 15. Jh., sind einige besonders bemerkenswert. So z.B. das Haus der Familie Thurzo (*rechts oben*) entstand durch Verbindung zweier Häuser und bekam später eine strenge Renaissancefassade, die 1903 durch reiche Neurenaissancesgraffiti ersetzt wurde. Das Meister-Paul-Haus war ursprünglich ein gotischer Bau. Sein Portal blieb erhalten, die Fassade jedoch im Renaissancestil umgestaltet. Eine außergewöhnliche Renaissancefassade weist das Krupek-Haus auf (*rechts unten*). Besonders wertvoll und interessant ist das Hain'sche Haus mit seinem Kern aus dem 12. Jh., das älteste Haus der Stadt. Nach mehreren Umbauten wurde es nach dem zweiten Weltkrieg in den ursprünglichen Zustand versetzt. Besonders auffällig sind das Portal

im Stil der Frührenaissance aus dem Jahre 1530 und die allegorischen Malereien im großen Saal. Sie entstanden 1542 und sind eine Zeitkritik des engstirnigen Konservatismus. Eine schlafende, spärlich bekleidete Frau, mit der Kette der Konvention und des Vorurteils an den Baum der Lüge gefesselt, ist ein symbolischer Hinweis auf den damaligen Zeitgeist.

Typische Merkmale sind auch die lang gestreckten Innenhöfe, die auf einer Seite mit Arkaden versehen sind.

# DAS GROSSARTIGE WERK
# DES MEISTER PAUL

## DER HAUPTALTAR DER JAKOBSKIRCHE
## IN LEUTSCHAU (LEVOČA)

### DIE KIRCHE DES
### HL. JAKOB

ist die zweitgrößte Kirche
der Slowakei (nach der
Elisabethkirche in Kaschau)
und abgesehen von ihrem
inneren Reichtum, ein
architektonisch äußerst
interessantes Bauwerk. Die
Kirche präsentiert eine reife
Gotik mit ihren wuchtigen
Hallen typisch für die
gesamte Zips (Spiš), und
sie wurde zum Vorbild für
andere Kirchenbauten. In
der Zeit zwischen 1280–
1860 waren viele Anläufe
notwendig, um den Bau
fertig zu stellen. Die Fülle
der wertvollen Ausstattung
lässt die großartige Wandmalerei etwas im Hinter-
grund, obwohl die zwei
Zyklen zu den hervorragend-
sten Arbeiten auf diesem
Gebiet gehören. Zu erwähnen
ist besonders die aus
20 Teilen bestehende
Dorotheenlegende und die
aus 14 Teilen bestehenden
„Sieben Werke der Barmherzigkeit" und die „Sieben
Todsünden", die auch mit
deutschen Untertexten
versehen sind.

So viele Werke von Meister Paul aus Leutschau sind in keiner anderen Stadt und keiner anderen Kirche zu finden. Außer dem Hauptaltar befinden sich in der Leutschauer Jakobskirche noch weitere vier seiner Meisterwerke. In dieser Stadt lebte, wirkte er und zweifellos starb er auch hier. Aber wurde er in Leutschau auch geboren? Das lässt sich nicht belegen, da diesbezüglich keine Hinweise vorhanden sind. Einige namhafte ungarische Kunsthistoriker lehnten es sogar ab, seine Werke mit einer greifbaren Person in Verbindung zu bringen – was gar nicht sehr lange zurückliegt. Unbestritten dabei ist, dass er der größte Bildschnitzer Mittel- und Osteuropas seiner Zeit war! Der von ihm angefertigte Hauptaltar strebt wie eine gotische Kathedrale in die Höhe und ist mit seinen 18,62 m der größte Altar der Welt. Stünde er im Freien, würden sich die ständig verfeinernden Fialen wohl scheinbar im Blau des Himmels verlieren. Ganz einmalig aufeinander abgestimmt sind die Verwirklichung der ikonografischen Idee und das harmonische Zusammenspiel der einzelnen Teile des 1507–17 geschaffenen Werkes. Im monumentalen Schrein stehen die überlebensgroßen Plastiken des tatkräftigen Jakobus und des verinnerlichten Johannes des Täufers, Rahmengestalten einer in der Mitte stehenden, glücklichen Madonna (*Bild oben*). Eindrucksvoll ist auch die Predella, in der die Personen des Abendmahles mit Hilfe optischer Wirkung von Licht und Schatten das Werk plastischer erscheinen lassen. Das betrifft jene Gestalten, die nur auf 2–3 Seiten bearbeitet sind. Festgehalten ist jener dramatische Augenblick, da Jesus sagt „einer von euch wird mich verraten". Meister Paul überschreitet hier die übliche Bibelinterpretation, indem er die Apostel völlig unbeteiligt darstellt, bis auf Judas, der in Ahnung seines Schicksals Betroffenheit zeigt. Die Innenseiten der beweglichen Flügel zeigen vier große, satt gemalte Relieftafeln, die die ikonografische Idee des Altars noch steigern.

*Der Hauptaltar (Gesamtansicht ganz links) ist mit vielen Details versehen. Oben ist der Schrein abgebildet. Zwischen Jakob und Johannes steht die Madonna mit dem Kinde. Unten ist eine Teilansicht des Letzten Abendmahles*

163

# DIESES HOLZ HAT
# EINE SEELE

## DIE EINMALIGEN PLASTIKEN IN DER KIRCHE
## VON LEUTSCHAU (LEVOČA)

**WEITERE WERKE VON
MEISTER PAUL IN DER
JAKOBSKIRCHE**

Ein selten schönes und
interessantes Figurenpaar,
ganz vom Geist der Renaissance bestimmt, steht im
Johannesaltar von 1520. Es
sind der alte, weise in die
Zukunft blickende Johannes
der Täufer mit dem Lamm
auf dem Arm und der
jugendliche, pausbäckige
Johannes, der Evangelist mit
dem Kelch in der Hand. Der
reiche Faltenwurf des Evangelisten erinnert an römische
Gestalten in der Toga. Dieser
Altar und der um etwas
Jüngere der hl. Anna (beide
sind gleich groß), wurden
öfter umgestaltet. Im Johannesaltar standen nach einer
Restaurierung die beiden
Plastiken auf vertauschten
Plätzen, bis ein Tafelbild auf
der Innenseite der Altarflü-
gel, auf dem der Altar dargestellt ist, wieder zur jetzigen,
vermutlich auch ursprüng-
lichen Stellung führte. Auch
die Altaraufsätze wurden
zwischen beiden Altären
gewechselt. Heute stehen
entsprechend dem erwähn-
ten Tafelbild die Himmelfahrt
der Maria-Magdalena und
der Erzengel Michael auf
dem Johannes-Altar. Das
entspricht wohl der Darstellung auf dem Tafelbild. Aber
der Aufsatz, der jetzt auf
dem Annaaltar steht (die
Taufe Christi), passt ikonografisch viel besser zum
Johannes-Altar. Meisterhaft
dargestellt ist die vielköpfige
Grablegung in der Predella
des Johannes-Altares mit
ergreifend bewegten
Gesichtern und Gesten der
Trauer und des Schmerzes
bei allen Beteiligten.

Die röm.-kath. Jakobskirche ist zurecht ein historisches Nationaldenkmal. Vor allem ist es aber das Verdienst des Meister Paul aus Leutschau, von dem der größte Teil der Innenausstattung wie auch der Schnitzereien stammen. Der hiesige Hauptaltar (Altar des hl. Jakob) ist der größte Altar der Welt. Außer diesem schuf Meister Paul auch den Altar des hl. Johannes, den Annaaltar und den der Geburt des Herrn. Die innigste und schönste Frauengestalt, die Meister Paul je geschaffen hat, ist die Jungfrau Maria des Weihnachtsaltars (*der Altar ist auf dem Bild in der Mitte unten, auf den übrigen Bildern sind davon Details*), nach seinem Stifter Nikolaus Csáky auch Csáky-Madonna genannt.

In dem ebenmäßigen Gesicht mit den etwas schräg gestellten Augen (wie es auch auf die übrigen Frauengestalten des Meisters zutrifft) fallen die überhöhten strichförmigen Bögen der Augenbrauen auf, die sich aus der Wurzel der fein geschwungenen Nase entwickeln. Diese Linienführung ist in mäßigerer Form auch bei anderen Gestalten bemerkbar. Dadurch unterscheidet er sich von den übrigen Schnitzern seiner Zeit, die die Augenbrauen, wenn überhaupt, nur andeuteten. Sehr oft zeichnet er auch einen Lidstrich, sodass den Betrachter der absurde Gedanke befällt, dass entweder Meister Paul das heutige Schönheitsideal vorausgeahnt hat, oder die Kosmetik sich von seinem Ideal hat inspirieren lassen.

Auf dem Altar befinden sich heute sieben Gestalten, die lange Zeit als verloren galten. Es stellt sich die Frage, ob sie ursprünglich überhaupt auf einem Altar waren. Wahrscheinlich nicht, aber warum mussten sie dann verheimlicht werden? Sie wurden 1698, etwa 200 Jahre nach ihrer Entstehung, zufällig in Nischen entdeckt, wo sie eingemauert waren. Der Grund dafür wahr wohl die Angst vor der Bildstürmerei während der Reformationszeit, die aber in der Slowakei kaum aufgetreten ist.

50 Jahre nach ihrer Entdeckung bekamen die Plastiken ihren Platz in dem Barockaltar, den sie bis heute innehaben. Es sind die wunderbare, reich gekleidete Maria, der erwartungsvoll blickende, aber etwas gequält wirkende Josef und zwei Hirten (ausgezeichnete, aus dem Volk gegriffene Charakterstudien).

Ein markantes Gegenstück ist die Gestalt des Johannes, des Almosengebers mit starkem Bart, mit schön gestalteten Backenknochen, lebensfrohen gütigen Augen mit buschigen Brauen. Er steht auf dem Nikolausaltar zusammen mit dem auch wirkungsvollen hl. Leonhard (der jedoch kein Werk von Meister Paul ist).

# DER BISCHOFSSITZ AUF DER GRÜNEN WIESE

## DAS IST DAS ZIPSER KAPITEL
## (SPIŠSKÁ KAPITULA)

**DIE ZIPSER BURG
(SPIŠSKÝ HRAD)**

Es handelt sich um die
Ruine einer der größten
Burganlagen Europas
(gehört zum UNESCO-Welt-
kulturerbe). Sein mittel-
alterlicher Kern entstand
in der Hälfte des 12. Jh.
auf dem vorspringenden
Kalkfelsen. Die in den
70-er Jahren des 20. Jh.
durchgeführten archäo-
gischen Untersuchungen
legten umfangreiche Teile
der unter meterdickem
Schutt begrabenen Mauern
frei. Als die Burg einst ihre
militärischstrategische
Funktion verlor, diente sie
als Garnison. 1710 und
1780 brannte sie aus und so
war das Objekt dem Verfall
preisgegeben.

Dieses geistliche Zentrum entstand buchstäblich auf der grünen Wiese direkt
gegenüber dem damaligen Sitz der weltlichen Macht. Um 1198 wurde oberhalb vom
Städtchen Kirchdrauf (Spišské Podhradie)
die Zipser Probstei gegründet, die 1776
zum Bistum erhoben wurde. Es ist ein ungewöhnliches Städtchen, eine Gemeinde für
sich, eingeschlossen hinter Befestigungs-
mauern aus der Mitte des 17. Jh. Neben
dem zweitürmigen und weithin sichtbaren
Martinsdom steht das bischöfliche Palais
und in naher Verbindung mit dem barocken
Uhrturm sowie dem bischöflichen Garten
stehen die Häuser der Domherren. Die Gebäude der Schule und des Priesterseminars
kamen erst im 19. und 20. Jh. hinzu.

Diese romanisch-gotische Kathedrale gehört zu den bedeutendsten Kirchen der Slowakei. Die dreischiffige spätromanische Basilika wurde 1245–73 gebaut und trotz
ihrer damaligen Größe bald zu klein für die

Gläubigen. Und so begann man zugleich mit
der Ausbesserung der Schäden, verursacht
durch die Hussiteneinfälle 1462, mit der Erweiterung der Kirche. Nach dem Abriss der
Apsiden und der Gewölbe wurden die Pfeiler und die Nordwand erheblich erhöht und
das große Presbyterium gotisch errichtet
(wobei die romanischen Kapitelle interessanter Weise erhalten blieben). Weitere
zahlreiche Unterbrechungen und der Anbau
der Grabkapelle von Stefan Zapolya 1488,
das die Vergrößerung auf ein viertes Schiff
bedeutete, verzögerten die Fertigstellung
des Baues bis 1499. Ende des 18. Jh. begann die Barockisierung, die 100 Jahre
später rückgängig gemacht wurde. Das im
Gewölbe eingebrachte Rankenwerk wurde
1973 entfernt.

Durch die Regotisierung verlor die Kathedrale zwar alle barocken Altäre, jedoch
blieben von den einst vorhandenen 13 gotischen vier und der jetzige Hauptaltar teil-

HISTORISCH
BEDEUTENDER ORT
DES SCHULWESENS

Das Zipser Kapitel war der erste Ort, wo man mit einer gezielten Lehrerausbildung begann. Verständlicher Weise entstanden die ersten Lehrerbildungsanstalten im Rahmen der höchsten kirchlichen Institutionen. So wurde 1819 die zweijährige Lehrerpräparandie eröffnet, ausgerichtet vor allem auf den kirchlichen Gesang. Neben Deutsch wurde auch Slowakisch unterrichtet.

weise erhalten. Einer der schönsten ist der Marienkrönungsaltar von 1493-99, ein Doppelflügelaltar, den ein unbekannter Künstler nach einem Kärntner Vorbild gestaltete. Weitere zwei Flügelaltäre stammen aus den Werkstätten in Kaschau (Košice). Einer zeigt den Tod Mariens (*Bild links*), der zweite die Anbetung des Kindes durch die hl. drei Könige. Beide Motive sind selten zu finden.

Neben diesen Altären befindet sich eine Wandmalerei aus dem Jahre 1317, die die Krönung Karl Robert von Anjou, des ungarischen Königs, zeigt. Interessant ist auch die Plastik eines weißen liegenden Löwen (des sog. Leo albus). Der Löwe entstand in der zweiten Hälfte des 13. Jh. und ist eine der ältesten Arbeiten dieser Art in der Slowakei. Lange stand diese Steinplastik im Freien, als eine der Torbewacher am Südportal, dann erst stellte man sie in das Innere der Kathedrale.

# ERLÖSUNG UND GNADE

## WERKE ALTER MEISTER IN ZIPSER NEUDORF
## (SPIŠSKÁ NOVÁ VES)

**HAUS DER PROVINZ
DER 16 ZIPSER STÄDTE**

Auf dem Marktplatz von
Zipser Neudorf steht ein
schönes historisches Haus,
das 1763–65 für die Verwaltung der Zipser Städte im
Rokokostil umgebaut wurde.
Teil der umfangreichen
Ornamentik an der Fassade
sind 6 allegorische
Reliefdarstellungen, die mit
lateinischen Texten versehen
als Richtschnur für die
Provinzialbeamten gedacht
waren.

Die Metropole der südlichen Zips liegt am Rande des Hernadflusskessels und verdankt ihre Entwicklung dieser Naturatmosphäre, einer Gegend von Mischwäldern und herrlichen Wiesen. Schon vor langen Zeiten war hier eine slawische Siedlung namens Iglov. Zuwanderungen von Sachsen und die Privilegien, die sie von Stefan V. und Karl Robert erhielten, beschleunigten die Entwicklung von Neudorf, das schon im 13. Jh. wirtschaftlich aufblühte. Stark betrieben wurden die Erzgewinnung und die Verhüttung. Aber dramatische Schicksale der Stadt führten zu gewissen Rivalitäten mit Leutschau (Levoča).

Neudorf wurde 1778 zum Sitz der Organisation der Provinz und ihre Entwicklung ging weiter in Richtung Bergbau, denn landwirtschaftlich konnte nur das Land im Norden genutzt werden. Bekannt wurden die Arbeiten der hiesigen Glockengießer.

Auf dem Rathausplatz dominiert die dreischiffige gotische Hallenkirche Maria Himmelfahrt. Sie wirkt majestätisch schon von außen, was den gotischen und im Renaissancestil geprägten Elementen zu verdanken ist. Bemerkenswert ist das Portal im Tympanon mit einem Relief der Jungfrau Maria aus dem 14. Jh.; es ist das Ergebnis einer Rekonstruktion vom Ende des 19. Jh. An der nördlichen Nebenwand befindet sich die gotische Michaelskapelle, der älteste Teil der Kirche (1395).

Interessant ist die Innenausstattung der Kirche, besonders die Wandmalereien aus dem 15. Jh. Aus dem Jahre 1490 stammt die Tafelmalerei des Meister Martin. Den größten Wert hat jedoch das Werk von Meister Paul aus Leutschau – die spätgotische Kreuzigungsgruppe, ein Werk, das etwa um 1520 entstand. Man nennt die Gruppe die „große", das entspricht der Größe der einzelnen Figuren. Sie gehört zu den wertvollsten Spitzenwerken der Gotik in der Slowakei. Aus den Gesichtern von Maria und Johannes ist trotz der Trauer über das schreckliche Geschehen eine verklärte Gewissheit der Erlösung heraus zu lesen. Das gilt auch für die Gestalt der Maria Magdalena, die auch zu der unter dem Kreuz stehenden Gruppe gehört (diese Statue kam irgendwann in die Dorfkirche von Stratená). Meister Paul aus Leutschau bewies mit diesem Werk wieder einmal seine hohe Kunst-

fertigkeit und besonders die Spannweite in der Darstellung menschlicher Empfindungen. Diese Gruppe bildet das Gegenstück zu der älteren in Bartfeld (Bardejov), die noch nicht diese Abgeklärtheit ausdrückt, sondern noch sehr realistisch den starken Schmerz betont.

Die Kirche macht einen sehr guten Eindruck; sie hat einen schönen schlanken Turm, der mit seinen 87 m zu den höchsten seiner Art gehört. Auf dem langgestreckten spindelförmigen Marktplatz kommt diese Dominante besonders zur Geltung.

## MARKSDORF (MARKUŠOVCE)

Das dreistöckige, schön gegliederte Schloss (*Bild links*) mit vier runden Ecktürmen, wurde 1643 im Stil der Renaissance erbaut und erhielt ca. 130 Jahre später eine vom Rokoko beeinflusste Fassade und einen in demselben Stil gestalteten Hauptturm. Der sich auf drei Terrassen erstreckende französische Park verbindet das Schloss mit dem Gartenschlösschen Dardanella. Dort wurde vom ursprünglichen Plan 1778 nur der Mittelbau realisiert und die Bautätigkeit eingestellt, da ein geplanter Besuch von Josef II. abgesagt wurde. Die beiden Anbauten, die den Mittelbau rahmen, kamen erst im 20. Jh. dazu.

# IRRTUM
# ODER ABSICHT?

## DIE RARITÄTEN VON SCHIGRA
## (ŽEHRA)

**WALLENDORF
(SPIŠSKÉ VLACHY)**

Diese alte Stadt, die dank der Deutschen und der rumänischen Walachen sowie Slowaken eine ebenbürtige Entwicklung wie die übrigen Zipser Städte erreichte, hat eine besonders schöne Zusammenstellung von alten Gebäuden, die der Besucher bewundern kann. Die röm.-kath. Kirche steht auf einer Anhöhe über dem Marktplatz und ihr Turm überragt denjenigen des ehemaligen Rathauses (von den Einheimischen „Ratusch" genannt – *Bild oben*), das einen Umgang (einst für den Nachtwächter gedacht) hat. Die große evangelische Kirche steht direkt auf dem Marktplatz und wurde 1787 gebaut.

Eine bemerkenswerte Persönlichkeit der Kirche von Schigra (Gemeinde nordöstlich von Zipser Neudorf – Spišská Nová Ves) war ihr Pfarrer Michal Kováč, der den Besuchern möglichst alles, besonders aber die Fresken erklären wollte. Da er aber nicht besonders gut deutsch sprach, musste er sich für die Führungen Dolmetscher engagieren, die aber, wie er feststellte, nicht alles genau vermittelten. Verärgert über die ständigen Verkürzungen der langen Erklärungen, suchte er sich unter den Besuchern die klassisch Gebildeten heraus, denen er die Erläuterungen in vollendetem Latein vermittelte. Kurz nach der Veröffentlichung seiner Broschüre über die Kirche, riss ihn ein Verkehrsunfall aus dem Leben.

In einer der vier Gewölbekappen des Presbyteriums der röm.-kath. Kirche in Schigra, ist die Dreieinigkeit in einer ikonografisch ungewöhnlichen Komposition als dreiköpfiges Wesen dargestellt. Dieses verhältnismäßig seltene Motiv ist deshalb interessant, weil Probleme mit der Datierung des Werkes entstanden. Nach der Konsolidierung des Christentums verlief eine lang andauernde Polemik über die Art der Trinitätdarstellung, bis 1274 das Konzil von Lyon verbot, die Trinität als dreiköpfiges Wesen darzustellen.

Dieser Tatsache nach wurde angenommen, dass das Presbyterium in der ersten Hälfte des 13. Jh. errichtet worden war oder eben kurz danach. Neuere Untersuchungen ergaben jedoch, dass die Fresken aus jüngerer Zeit stammen. Der Autor ist wahrscheinlich ein italienischer Maler, der sie um 1370 unter byzantinischem Einfluss anfer-

tigte. Außerdem ist das Presbyterium nur ca. zwanzig Jahre älter als die Fresken – jedenfalls betrifft es das Gewölbe. Danach entstand die Dreieinigkeit als dreiköpfiges Wesen ca. hundert Jahre nach dem Verbot. Desinformation? Irrtum? Oder Ketzerei? Durch die Menge der Fresken tritt diese Frage ziemlich in den Hintergrund – trotz ihrer historischen Einzigartigkeit.

Die Fresken stammen aus fünf verschiedenen Epochen und im Presbyterium findet man einige interessante Abbildungen, z.B. einen archaisch wirkenden alten Mann, (Nachkomme des Abraham) der ein kahnförmig gefaltetes Tuch hält, aus dem neun Kinderköpfe hervorschauen. Einnehmend ist auch das Altarrelief (*Bild oben*), aber auch die Fresken des Letzten Abendmales, wo auch Paul gegenwärtig ist. An der Nordwand des Schiffes fällt der Lebensbaum auf, mit der Darstellung der Ecclesia und der Synagoge, des Alten und Neuen Testamentes, bereichert durch viele Symbole. Alles zusammen ergibt ein harmonisches Bild, kompositorisch aufeinander abgestimmt, obwohl manche Szenen ineinander fließen – eine Folge des Übermalens mancher Bilder. Infolge der matten zarten Farben geht von den Fresken ein geheimnisvoller Reiz aus, zwar ungewollt; denn als die Pest den Ort heimsuchte, wurde das Innere der Kirche mit Molke „desinfiziert".

### BIJACOVCE

Diese Gemeinde mit der barockisierten romanischen Rotunde mit Fresken des hl. Kosmos und Damian bei der Kirche Aller Heiligen (mit wertvollen Wandmalereien) hat ein großes rokoko-klassizistisches Schloss aus den Jahren 1780–85. Diese Region besitzt etliche prunkvolle Palais in kleinen Gemeinden. Auch die Umgebung ist anziehend. Das Gebiet zwischen den Leutschauer Bergen und der Hornaddurchbruchschlucht mit ihren Travertingebilden bietet auch weniger rüstigen Naturliebhabern Wandermöglichkeiten.

# IRRGARTEN DER FRESKEN

## SO BEZAUBERT SIE SCHITTNICH
## (ŠTÍTNIK)

**GETZELSDORF (KOCEĽOVCE)**

Wie so viele Kirchen in Gemer lebt auch die evangelische Kirche dieses Ortes durch ihre großartigen Fresken (*Bild oben*) vom Ende des 14. Jh. Sie sind nach italienischem Vorbild gearbeitet und entbehren das Detail. Entdeckt wurden sie Ende des 19. Jh.

**CHYŽNÉ**

In diesem abseits gelegenen Ort steht ein ungewöhnlicher Altar aus dem Jahre 1508, ein Werk des Meister Paul aus Leutschau (Levoča). Das Bild der Verkündigung ist bemerkenswert durch die realistische Darstellung der Maria mit dem Engel.

„Der Teufel schläft nicht," pflegte der evangelische Pfarrer Zoltán Száras zu sagen, wenn er aus seinem, damals noch ziemlich einsamen, Pfarrhaus ging oder es betrat und seine zahlreichen Türen auf- und dann wieder abschloss. Das war aber lange bevor dieser wirkungsvolle, jedoch wenig bekannte Ort populär wurde. Damals gab es noch keinen „Gotischen Weg" – das „Band" gotischer Denkmäler, das sich durch die Ostslowakei zieht, und auch keine Kirchenführung in Schittnich.

Die alten mittelalterlichen, sehr schönen Wandmalereien stammen aus drei Jahrhunderten (14.–16. Jh.) und überdecken sich teilweise. Im 17. Jh. wurden sie übertüncht und erst 1908–09 wurde die Tünche teilweise entfernt und so ca. 220 Quadratmeter der ursprünglichen Malereien freigelegt. Von beträchtlichen Teilen ist die Tünche noch nicht entfernt worden. Von den sichtbaren sind die ältesten nach italienischen, die jüngeren nach deutschen und tschechischen Vorbildern gemalt worden. Sie fallen besonders durch die Schönheit der Darstellung, der Motivwahl und deren Bearbeitung auf. So wurde auch das Bild „Triumph über den Tod" teilweise überdeckt vom Bild des hl. Bartholomäus, der seine eigene abgezogene Haut in Händen hält, weiter das Bild der hl. Barbara und das Volto Santo (das ausgeht von einer Legende aus Klein-Asien vom Wunderkreuz des hl. Lukas – eine in ganz Europa sehr seltene Darstellung), ferner die Schittnicher Madonna mit der Verkündigung. Nicht zu übersehen sind die fünf klugen und fünf törichten Jungfrauen oder das Wunder von den zehn Aussätzigen und das Gleichnis von den Arbeitern im Weinberg – die erste Darstellung der Arbeitswelt mit landwirtschaftlichen Geräten in der Slowakei. Im Inneren der Kirche befindet sich auf dem Steinchor (in der Vergangenheit für

Leprakranke bestimmt) die älteste spätgotische Orgel der Slowakei (1492), außerdem noch eine große Barockorgel aus dem Jahre 1776.

Aufmerksamkeit verdient auch die Kirche selbst und ihr Epitaphaltar aus dem Jahr 1636, gearbeitet nach sächsischem Vorbild, weiter eine schöne Kanzel, ein bronzenes Taufbecken (1454) und noch etliche andere Objekte. Nicht uninteressant ist auch der Grundriss des Marktplatzes, der wegen der im Weg stehenden Wasserburg am Süden de des Platzes nicht die vorgesehene Form der Spindel erhielt. Von der Burg selbst sind durch Umbauten und Ergänzungen sowie durch mehrere Rekonstruktionsversuche nur noch Reste verblieben und beanspruchen vom Betrachter viel Fantasie.

Schittnich liegt westlich von Rosenau (Rožňava). Die Bergbauniederlassung bekam 1328 das Karpfener Recht – die Erlaubnis dreimal im Jahr Märkte abzuhalten.

# DIE GÖTTLICHE WELT DER LEITERN, STEGE UND TRITTROSTE

## KLAMMTÄLER DES SLOWAKISCHEN PARADIESES (SLOVENSKÝ RAJ)

**DIE DOBSCHAUER EISHÖHLE (DOBŠINSKÁ ĽADOVÁ JASKYŇA)**

hat mehrere Gesichter: das schönste im Frühsommer, wenn neben den ständigen Eisformationen der sich im Winter bildende Raureif noch nicht abgetaut ist. 1870 stiegen drei Dobschauer Bürger – Eugen Ruffinyi, Andreas Mēga, Gustav Lang – in das „Eisloch" ein, um die 1,5 km langen Gänge zu erkunden, von denen bereits ein Jahr später etwa die Hälfte zugänglich war. Was die Eismenge betrifft, gehört die Höhle zu den größten der Welt (110 000 m³).

Unter der Benennung Paradies, die 1308 in einem Schriftstück eines Kartäuserklosters auftauchte, stellte sich niemand geheimnisvolle Schluchten und unüberwindbare Hindernisse vor. Heute ist das ganz anders: Wer einmal die Schlucht Suchá Belá durchwandert (besser: durchklettert) hat, ist von diesem Erlebnis meist so fasziniert, dass er sich vornimmt diese „Wanderung" zu wiederholen. Jede Gebirgsgruppe der Slowakei besitzt etwas Einzigartiges, was anderswo kaum zu finden ist. Auch das Slowakische Paradies steht diesbezüglich außerhalb der Reihe ähnlicher hiesiger Gebirgszüge. Es besitzt hoch dramatische Landschaftsszenen, einzigartige Naturformationen und ist bekannt als Nationalpark.

Es geht um kein selbstständiges Gebirge, sondern nur um einen Teil des Slowakischen Erzgebirges (Slovenské rudohorie). Steilhänge, Wasserfälle, Klammschluchten und Höhlen machen diese Gegend abenteuerlich romantisch. Besonders hinreißend ist diesbezüglich das rauhe Falkental.

Die vom Wasser verursachte Erosion schuf

Die heute dort befindliche
Hütte (Chata na Klâštorisku),
bietet dem Touristen
Verpflegung und Unterkunft;
sie steht übrigens auf
historischem Boden. Als sich
Béla IV. 1241 den Tataren
geschlagen geben musste,
besetzten diese das gesamte
Land. Unter der Führung des
Zipser Grafen Jordan von
Gargau, verschanzten sich
viele Zipser auf dem, von
drei Seiten durch Klüfte
geschützten Plateau, wo
schon viel früher einmal eine
keltische Fliehburg stand. Als
Dank für die Rettung wurde
um 1300 ein Kloster erbaut,
das in der Abgeschiedenheit
keinen leichten Stand hatte
und 1534, nach der
Vertreibung der Mönche,
verfiel. Um Räubern keinen
Unterschlupf zu bieten,
schleifte man das noch
teilweise bestehende Kloster
und heute ermöglichen
Ausgrabungen einen
Überblick über die einst
beachtliche Anlage.

### DIE STRATENAUER ENGE
(STRATENSKÝ KAŇON)

Nur einige km von der
Dobschauer Eishöhle
entfernt, befindet sich ein
„Verkehrshindernis" von
besonderer Art – die
romantische Schlucht mit
ihren Mäandern, Felsklippen
und seltenen Pflanzen sowie
Holzbrücken. Den ersten
Weg durch die Enge ließ
1840 Ferdinand August von
Coburg bauen, um seine im
Tal der Gran (Hron) und der
Göllnitz (Hnilec) gelegenen
Montanbetriebe zu
verbinden.

aus unauffälligen bewaldeten Gebirgskuppen zwei Kulminationspunkte: 10 größere und kleinere Schluchten und eine 11 km lange, wild romantische, von senkrechten Felswänden gesäumte Schlucht des Hernaddurchbruches. Die kombinierte Benennung „Slowakisches Paradies" geht zurück auf Béla Hajts, der für die Erschließung dieses Gebietes unermüdlich tätig war. Mit der Erschließung begann man schon 1910. Jedoch mit

Hinsicht auf die enormen Schwierigkeiten, die bei der Überwindung von Felsstufen, bei Übergängen glatter Felsblöcke entstanden, konnte der Eintritt in einige Bereiche erst 1960–81 endgültig sichergestellt werden. Im Winter, wenn die Wasserfälle zu massiven Eissäulen gefrieren, sind diese Plätze besonders aufregend. Das Betreten des Gebietes ist im Winter nur gut ausgerüsteten und vorbereiten Touristen zu empfehlen, bzw. gestattet.

# EINE SCHÖNE URBANE ZUSAMMENSTELLUNG

## DER MARKT VON ZEBEN
## (SABINOV)

**JAROVNICE**

In dem abgelegenen Ort überrascht ein schönes Kastell, das in den 70 er Jahren des 18. Jh. im barocken und klassizistischen Stil umgebaut wurde.

SIEBENLINDEN (LIPANY)

Die röm.-kath. Nikolaus-
kirche steht heute verlassen
zwischen Wiesen, umgeben
von modernen Häusern,
nachdem der alte Marktplatz
mit seinen alten Häusern
nach dem 2. Weltkrieg
abgerissen wurde. Die
moderne Umwelt bildet
einen ziemlichen Kontrast
zu den Kunstschätzen der
Kirche, an denen sich auch
die Werkstatt von Meister
Paul aus Leutschau beteiligte
– es geht um den Hauptaltar
mit der Jungfrau Maria und
dem hl. Nikolaus. Aufmerksamkeit verdienen auch zwei
Seitenaltäre mit der Kreuzigung, der Scholastika und
dem Laurentius.

Diese Kleinstadt zwischen der Schari-
scher Anhöhe und dem Čergov-Ge-
birge ist auch heute überschaubar geblieben. Ist der Grund dafür in den erhaltenen
Stadtmauern, die die Altstadt von den
neuen Vierteln zu trennen versuchen, oder
ist es einfach die Folge eines unglücklichen
Schicksals? Man muss zugestehen, dass
dieses Städtchen der Pentapolitana – des
Fünfstädtebundes – es wirtschaftlich nicht
so weit gebracht hat, wie die übrigen des
Bundes. Es hat, wie man so sagt, Pech ge-
habt. Im 15. Jh. fiel es in die Hände der Jis-
kra-Brüder (Husitische Reiterverbände) und
danach wechselten beinahe regelmäßig
Brände und Überschwemmungen ab. Zu
guter Letzt verbreitete sich 1709 auch noch
die Pest. Die Stadt ist durch das Schicksal
bescheiden geworden; alles ist hier kleiner,
ruhiger, anspruchsloser als in Kaschau (Košice), Eperies (Prešov), Bartfeld (Bardejov)
und Leutschau (Levoča); aber etwas macht
die Stadt trotzdem anziehend und das ist
das einmalig schöne und eindrucksvolle Ensemble im Zentrum des Marktplatzes. Vielleicht bewirkt das nur eine zufällige Anhäu-
fung von Bauten, heute jedenfalls wirken sie
auf den Betrachter im städtebaulichen Sinne sogar raffiniert.

Dominant durch ihre Höhe ist hier die
röm.- kath. Kirche des hl. Johannes des
Täufers, (oben: das Innere der Kirche) ein
schöner gotischer Bau, an dem einst bedeutende Meister gearbeitet haben: Johann von
Eperies, Wiederaufbau und Erweiterung,
Vinzenz von Ragusa – Kanzel und Südportal, Friedrich Schulek Ende des 19. Jh. –
Renovierung und Regotisierung.

Viele Kirchen können diese um den „Dok-
torenaltar" (Bild links) aus der Werkstatt
des Meister Paul aus Leutschau beneiden.
Es gibt bedeutendere; dieser zeichnet sich
jedoch durch die Motivwahl und die Zusammenstellung einzelner Gestalten aus – der
von Hieronymus, Augustinus und Ambrosius
im Schrein des Flügelaltars. Zwei weitere
Altäre enthalten wertvolle Bilder, drei andere
bekam die Kirche als Geschenk, wobei es
um Kopien geht. Die Originale stehen in Budapest und Gran (Esztergom). Dazu kommen
noch einige schöne, ebenfalls aus Leutschau
stammende, frei auf Konsolen stehende Gestalten. Neben der Kirche des Johannes des
Täufers steht die röm.-kath. Marienkapelle,
die 1375 im gotischen Stil errichtet, später
erweitert und in der ersten Hälfte des 18.
Jh. barockisiert wurde. Zwischen den beiden Kirchen ist ein Glockenturm aus der
Renaissancezeit, aber während der Barockisierung büßte er seine Zinnenattika ein.
Westlich der Hauptkirche bildet damit ein
mit einem Innenhof ausgestatteter Block
des ehemaligen Lyzeums den Abschluss,
der in der Renaissance errichtet und im 18.
Jh. zum Kollegium des Piaristengymnasiums
umgebaut wurde.

# DIE FASZINIERENDE WELT
# AM DUNAJEZ

## DER FLIEGENDE MÖNCH UND ANDERE
## BESONDERHEITEN DES ROTEN KLOSTERS

**FLOSSFAHRT AUF DEM
DUNAJEZ (DUNAJEC)**

Die Floßfahrt durch die
Pieninen (Pieniny), die durch
windungsreiche, von 330
bis 500 m hoch aufragende
Felswände und durch die
von bewaldeten Steilhängen
eingerahmten Schluchten
des Durchbruchs des Duna-
jez führt, ist eine europäische Attraktion. (*Bild rechts*;
im Hintergrund Dreikronen-
berg). Es verwundert kaum,
dass viele Vergleiche bemüht
wurden – so z.B. mit dem
Eisernen Tor an der Donau
und auch Sagen fehlen
diesbezüglich nicht – der
Sprung des Jánošík, die
Quelle der Liebe und die
Quelle des ewigen Lebens:
also man muss davon trinken
und sich benetzen – und
dann nur noch warten.

**ZIPSER MATZAU
(SPIŠSKÉ MATIAŠOVCE)**

Die röm.-kath. Kirche des
hl. Stefan des Königs (*Bild
auf Seite 4*) ist eine nicht
alltägliche Kirche und ein
auffallender Bau. Sie besitzt
einen freistehenden Glockenturm (13.–16. Jh.) der umgeben ist von einer Mauer,
in der die Stationen des
Kreuzweges eingebaut sind.

Frater Cyprianus, ein Kamaldulensermönch
des Roten Klosters (*Bilder rechts*), war
ein unruhiger Geist, der im Bereich der
Aviatik bahnbrechend sein wollte. Einmal
schwang er sich hoch in die Lüfte und flog in
Richtung Hohe Tatra. Als er über die Gipfel
der Berge flog, ereilte ihn die gerechte Strafe des Himmels – ein Blitz schmetterte ihn

hernieder und er stürzte in das Fischseetal
(Dolina Rybieho Potoka, auf polnischer Seite) und er versteinerte zu einem spitzen
Turm – dem Mönch (Mních) –, dessen Kon-
turen einer Mönchsgestalt ähneln. Die Sage
(sie hat mehrere Versionen) verbindet diese
Gestalt mit dem Mönch Frater Cyprian. Erstmals taucht eine Erwähnung des Fraters

1756 auf. Man weiß, dass er 1724 in Schlesien geboren wurde und im Roten Kloster respektierte man ihn als Universalgenie, obwohl er eigentlich nur die Dienste eines Barbiers, Speisesaalverwalters und Krankenpflegers versah. Er war ein guter Botaniker und sammelte Heilkräuter. Die Kenntnisse diesbezüglich eignete er sich bei „Badern" und durch das Studium einschlägiger Literatur an. Seine anderen Beschäftigungen fanden bei seiner Obrigkeit wenig Beifall und verhinderten wohl auch seinen Aufstieg in der Klosterhierarchie. Er war auch Alchimist, Spiegelhersteller, Pyrotechniker und befasste sich eben auch mit der Problematik des Fliegens. Ob er wirklich Flugversuche unternommen hat, ist nicht belegt; obwohl über einen „Teufelswagen" (gemeint sind wohl die Flügel) berichtet wird. Auch

die Umstände seines Todes am 16. 4. 1775 blieben im Dunkeln und werden mit seinen Experimenten in Verbindung gebracht. Wahrscheinlich gehen diese Sagen und Erzählungen auf die fantastisch anmutenden Versuche des Kaspar Mohr in Ulm zurück, da die Siedler am Dunajez 1786 aus dem Schwäbischen kamen.

Frater Zyprian gründete auch die erste Apotheke in der Zips (Spiš) und hinterließ ein hervorragendes Herbarium mit 272 Pflanzen, die er in den Belaer Kalkalpen (Belianske Tatry) und der Hohen Tatra (Vysoké Tatry) sammelte. Nach den sehr bewegten Jahren der Hussitenüberfälle, der Reformation und Jahren des Leerstehens, übernahmen 1705 die Kamaldulenser das Kloster auch mit seinen Ländereien. Sie erweiterten wesentlich die Anlage und barockisierten die Kirche. Nach 1781 wurde der Orden aufgelöst, die Anlagen verfielen und erst nach dem Zweiten Weltkrieg wurde das Kloster restauriert.

### HIER WIRD GORALISCH GESPROCHEN

Nicht nur dieser eigenartige Dialekt erinnert die Besucher daran, dass sie sich in einer sehr urwüchsigen Gegend befinden. Ganz Samagurien hat etwas Ungewöhnliches an sich. Außer den Pieninen kann man auch Naturseen bewundern. Sehr einnehmend ist die Grenzgemeinde Osturňa, die in dem malerischen Tal des Baches Osturňa liegt. Das Dorf gehört zum Naturschutzgebiet.

# DER STADTTURM UND EIN HERRLICHER AUSBLICK

## AUF DEM QUADRATISCHEN MARKTPLATZ VON ROSENAU (ROŽŇAVA)

### DIE EVANGELISCHE KIRCHE VON ROSENAU

Die Lage der Kirche entspricht den Vorschriften des Toleranzpatentes Josef II. und es kam seit dem Bau der Kirche in den Jahren 1784–86 zu keinerlei Veränderungen. So steht sie heute abseits von der Straße, inmitten privater Häuser und Gärten. Zur Kirche selbst gelangt man nur über einen schmalen Weg oder durch einzelne Bürgerhäuser, die auf dem Marktplatz stehen. Auch später, als alle Einschränkungen gefallen waren, erhielt sie keinen Turm. Der Baumeister Jakob Mayer schuf einen klassizistischen, typisch protestantischen Saalbau mit einer umlaufenden Empore. Der Altar mit den Reliefs des Letzten Abendmales und der Auferstehung sowie die Kanzel und das Taufbecken schuf der bekannte Bildhauer Josef Gode.

Selten ist ein Ausblick in einer slowakischen Stadt so schön, wie der vom Rosenauer Marktplatz hin zur Kathedrale (Kirche der Maria Himmelfahrt). Wie eine Kulisse umschließen diesen interessanten Bau mit dem freistehenden Turm zwei weitere Objekte – links das heutige röm.-kath. Pfarrhaus mit seiner kontrastreichen Fassa-

de und rechts eine ehemalige Klosterkirche, die nach den zwei, die ganze Stadt verwüstenden Bränden, umgestaltet wurde.

Den heutigen Bestand verdankt die Kathedrale der Tatsache, dass die Stadt 1776 Sitz des neu gegründeten Bistums wurde. Beachtenswert ist das sehr schöne Portal des Haupteingangs und im Inneren ein ein-

maliges Gemälde, das früher das Zentralbild eines nun nicht mehr existenten Altars war. Interessant ist es durch die Darstellung von Figuren und Szenen aus dem Arbeitsleben der Bergleute, der Förderung von Erz und der Herstellung von Roheisen. Den dokumentarischen Wert des Bildes unterstützt die damals getragene Kleidung. Der Maler dieses Bildes verbirgt sich hinter den bis heute nicht identifizierten Initialen LA, mit denen er sich 1513 unterschrieben hat.

Zur Silhouette der Stadt gehört der schöne Stadtturm mit seiner umlaufenden Holzgalerie. Ursprünglich gehörte er dem Rathaus, nachdem dieses abbrannte, der Jesuiten-Kirche (Kirche des Franz Xaver), die anstelle des Rathauses erbaut wurde. Davor steht ein Denkmal der Franziska von Andrássy aus dem Jahre 1905, das für Jahr-

### RESTER (ROŠTÁR)

In dieser Bergbaugemeinde südwestlich von Rosenau befindet sich eine Bergbauniederlassung und eine gotische evangelische Kirche aus dem 14. Jh. Im Presbyterium fand man Malereien, die mit Kalk übertüncht waren.

zehnte in ein Depot verbannt war. Diese mildherzige Frau fand ihre letzte Ruhe im Mausoleum von Krásnohorské Podhradie in der Nähe der Burg Krásna Hôrka.

Neben vielen interessanten Häusern fällt auf dem Marktplatz auch die bischöfliche Residenz auf. Es ist ein Bau mit 13 Fensterachsen, der im letzten Drittel des 18. Jh. durch Zusammenschluss und Umbau mehrerer alter Häuser entstand; in letzter Zeit erhielt der Bau eine abwechslungsreiche, durch Risalite aufgelockerte Fassade.

*Auf dem Zentralbild auf der rechten Seite Franziskaner-Kirche der hl. Anna, links: Die Kirche der Maria Himmelfahrt*

*Seitenbild unten: Portal der Kirche, oben: Stadtmauer*

181

# AUF STEILEM BERG
# UND IN DER EBENE

## DIE BURG KRÁSNA HÔRKA
## UND DAS MAUSOLEUM

DIE BILDERGALERIE

Im Ort Krásnohorské Podhradie ließ Dionysius Andrássy einen Bau errichten, der im Grundriss dem Kreuz und im Stil der Sezession entsprach. Er war gedacht für Teile seiner umfangreichen Gemäldesammlung – vor allem ungarische Porträts aus dem 18. und 19. Jh. – die er auch der Öffentlichkeit zugänglich machte.

B eide Objekte gehörten der Familie Andrássy. Die Burg in ihrem heutigen Ausmaß sowie das Mausoleum ließ der vorletzte natürliche Besitzer (vor der Verstaatlichung 1945) Graf Dionys Andrássy umbauen, bzw. errichten. Die Vorgänger auf der Burg waren die Bebeks, die angeblich der Grausamkeit wegen unbeliebt waren. So ließen sie 1540 den Wanderprediger Andreas Fischer von der Burgmauer stoßen, weil er „ketzerische" Ansichten verbreitete. In dieser Zeit war aus der kleinen Anlage mittels drei mächtiger Artilleriebasteien und verbindender Bauwerke eine stattliche Festung entstanden. Die Andrássys erweiterten diese zu einem Herrschaftssitz, der zeitweise auch die Komitatsverwaltung beherbergte. 1817 wurden durch einen Brand, den ein

Blitz auslöste, große Teile verwüstet, sodass die Burg fast 100 Jahre lang unbewohnt war. Erst nach dem Tode seiner geliebten Frau Franziska („Fränzi"), ließ Dionysius An-

drássy die gesamte Anlage restaurieren, um eine bleibende Erinnerung an sie und gleichzeitig ein Familienmuseum zu schaffen, das 1910, drei Jahre vor seinem eigenen Tod, der Öffentlichkeit übergeben wurde. Es erfreut sich eines regen Interesses, da es interessante Sammlungen enthält. Seine Frau Franziska, geborene Hablawetz war Schauspielerin in Wien gewesen und nicht ebenbürtig, und die Eheleute mussten viele Zurücksetzungen hinnehmen. Ein Ausgleich dafür war Wohltätigkeit im Bereich der Kinderhilfe und der Unterstützung von Künstlern. Andrássy wurde zu einem begeisterten Sammler und Kenner zeitgenössischer Kunst, vor allem der Malerei.

Abseits der Burg ließ Dionysius Andrássy auf ebenem Gelände ein prachtvolles Mausoleum für seine Franziska und sich selbst errichten. In die Einfriedung der, um das Mausoleum liegenden, kleinen Parkanlage, ließ er ein künstlerisch gestaltetes Tor einsetzen. Das rotundenförmige Mausoleum errichtete in den Jahren 1903–04 der Münchner Architekt Richard Berndl, die Skulpturen und zwei Sarkophage stammen vom Münchner Bildhauer Max Frick. Im Inneren des Mausoleums herrscht eine eigenartige Atmosphäre, die im Kontrast zur Geschäftigkeit und Ruhelosigkeit der Welt steht. Der Mensch unterliegt dem Eindruck, dass nichts so wichtig und groß ist, um diese Ruhe zu stören. Verantwortlich dafür ist wohl, neben den verschiedenen Farben des Marmors und anderer Gestaltungsmittel – wie Mosaiken, Gesimsen, Pilaster – das gedämpfte irisierende Licht, das durch die Alabastertafeln der Fenster einfällt und nicht durch farbiges Fensterglas. Hinter dem Mausoleum steht auf einem Podest die Plastik des „Topscherl", des Lieblingshundes des Ehepaares, die Alois Strobl schuf.

Und noch eine mumifizierte Frauengestalt lenkt in Krásna Hôrka die Aufmerksamkeit auf sich. Es ist die in der Schlosskapelle beerdigte populäre „Leutschauer weiße Frau" – Sophie Serédz, die Gattin des Kuruzzenoffiziers Stefan Andrássy.

*Links oben: Zimmer der Franziska Andrássy*

*Links unten: Blick auf die Burg Krásna Hôrka*

*Oben: Mausoleum unter der Burg*

# EIN MÄRCHENSCHLOSS

## BETLER (BETLIAR)

### DER SCHLOSSPARK VON BETLER

Je weiter der Besucher in das 74 Hektar große Areal eindringt, desto mehr verstärkt sich sein Eindruck, dass der Park des Schlosses mit den umliegenden Wäldern und der Landschaft zusammenfließt, auch wenn man zwischen den Bäumen und Sträuchern auf einen trennenden Zaun stößt. Zweifellos gehört dieser Waldpark zu den schönsten und gepflegtesten in der Slowakei. Er entstand nach einem Projekt des Gartenarchitekten Heinrich Neblien aus Lübeck, der Wälder, Wiesen und Lichtungen in natürlicher Art anlegte. Das ergänzen auch die eingefügten Objekte, wie z.B. eine alte Bibliothek, die jedoch ihre Funktion nicht erfüllt. Die 20 000 Bände mußten im Schloss untergebracht werden (*Bild rechts oben*). Bemerkenswert ist auch der illusionistisch ausgemalte Freimaurer-Pavillon. Romantische Wirkung erzielen auch die Hermesbrücke, ein künstlich angelegter Wasserfall, Fontänen, einige Steinplastiken und andere kleine Objekte.

„Jetzt gehen wir zur Königin," rief ein kleines Mädchen als es mit seiner Mutter das Schloss betrat, vorbei an einem alten Geschütz neben dem Tor. Nun, Königinnen residierten hier zwar nicht, dafür jedoch Gräfinnen, die in die noble Andrássy-Familie einheirateten.

Auch dieses Schloss in der Nähe von Rosenau (Rožňava) und die umliegenden Ländereien und Industrieanlagen gehörten der weit verzweigten Familie der Andrássys. Ursprünglich (zu Beginn des 16. Jh.) war das Schloss im eklektischen renaissance-barocken Stil errichtet worden. In den Jahren 1792–95 baute man es im klassizistischen Stil um. Bei dieser Gelegenheit wurde eine,

neben dem Bau stehende, kleine gotische Burganlage aus dem 15. Jh. mit einbezogen.

Das heutige Aussehen der Burg weist in die Mitte des 19. Jh. zurück. Der Eklektizismus war damals ein Modetrend, der etliche Schlossbauten beeinflusste. Das Betler-Schloss erhielt durch die Umgestaltung eine ausgezeichnete Gliederung der einzelnen Baukörper und mit den Ecktürmen ein geschlossenes Gesamtaussehen. Im Schloss selbst, das nach der Enteignung nach dem Ende des 2. Weltkrieges zu einem beachtenswerten Museum wurde, befindet sich – neben einigen wertvollen Gemälden alter Meister – auch ein bedeutender Querschnitt der Malerei Ungarns im 19. Jh., weiter eine Sammlung kostbaren Mobiliars aus der Zeit zwischen dem 17. und 20 Jh. Darunter befinden sich auch heimische Stücke

## AUCH FÜR TOURISTEN

Von Betler aus lässt sich eine schöne Wanderung zum langgestreckten Berg-Rücken des Goldenen Tisches (Zlatý stôl) unternehmen.

so aus Wien wie der ganzen Welt (auf dem *oberen Bild* ist die Ahnengalerie zu sehen). Umgeben ist das Schloss von einem 70 ha großen Park mit fremdländischen Gehölz, und wirkt auf den Betrachter wie ein Arboretum. Im Schloss gibt es auch viele exotische Jagdtrophäen und wertvolles Porzellan zu bewundern, die Emanuel Andrássy, ein begeisterter Weltenbummler und Sammler, der ganz Westeuropa und auch exotische Länder bereiste, aus fremden Ländern zusammengetragen hat. So befindet sich darunter auch ein Blechdiadem, aus einem einzigen Stück Blech gearbeitet, aus der Zeit 1000 v.u.Z.

Geschichtlich interessierten wird bekannt sein, dass progressives Denken nicht nur in den Schlössern dieser Gegend daheim war, aber auch im Bereich anderer Besitztümer wie in der Industrie – den Eisenhüttenwerken – gefördert wurde, wo 1846 die erste Dampfmaschine in Betrieb ging.

# REINSTE BAROCKKUNST IN HÖCHSTER VOLLENDUNG



## DAS KLOSTER IN JOSSAU (JASOV)

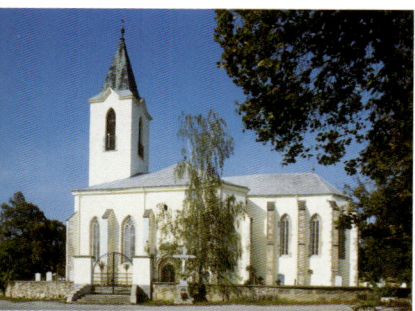

MOLDAU
(MOLDAVA NAD BODVOU)

Auf dem großen Marktplatz steht die röm.-kath. Kirche, die im 15. Jh. als dreischiffige Anlage errichtet wurde. Die kurze Blütezeit des durch deutsche Siedler im 12. Jh. gegründeten Ortes wurde durch die Türkeneinfälle beendet. Später kam es zu mehreren baulichen Veränderungen an der Kirche. Vor allem die Beseitigung der Dreischiffigkeit zugunsten eines großen barocken Hallenbaues (*Bild oben*). Die Kirche erhielt dadurch ihre interessante Konfiguration.

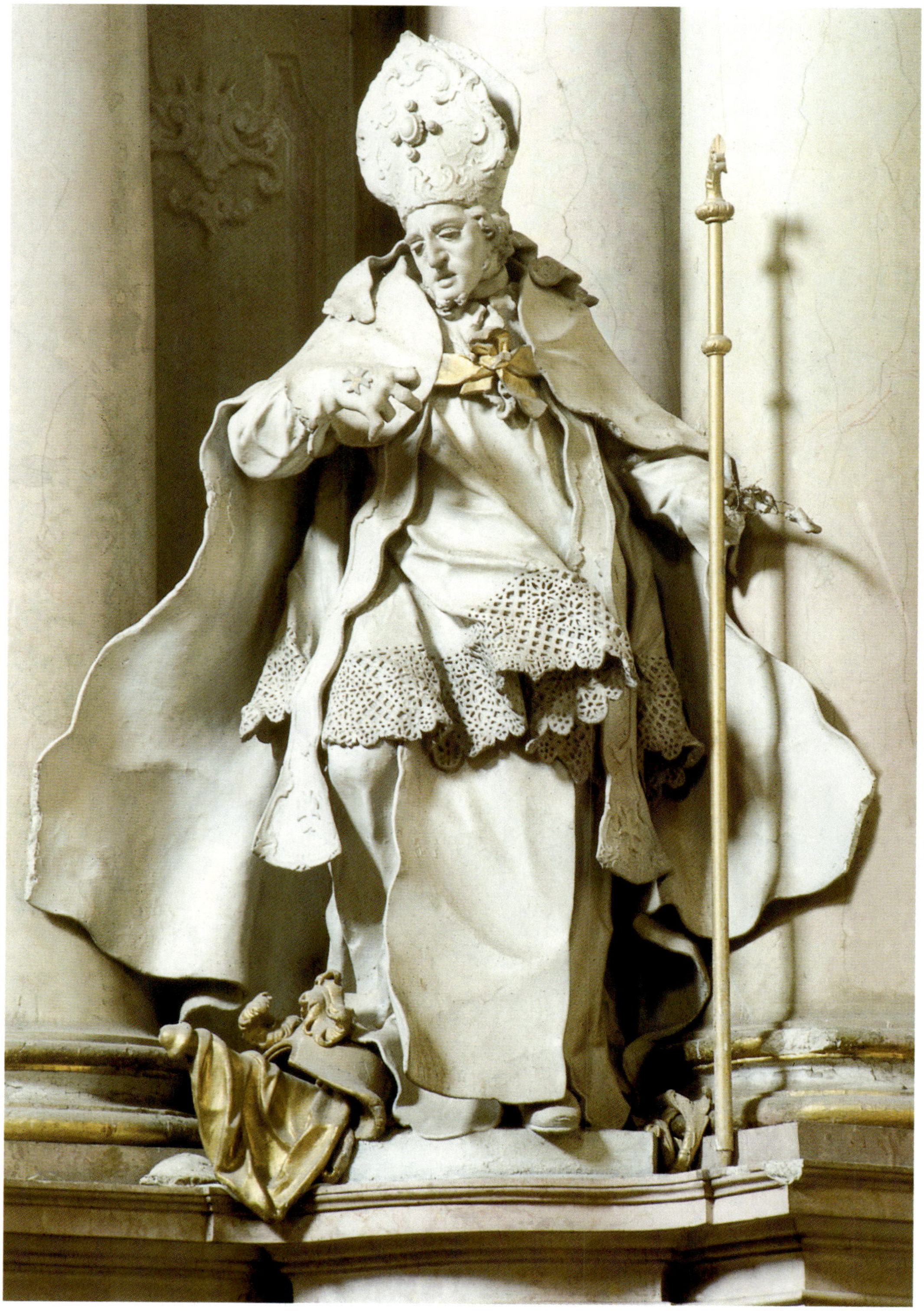

Das Kloster Jossau aus den Jahren 1750–66 entstand auf älteren Fundamenten. Das Ursprüngliche war ein Prämonstratenser-Kloster (1171) und es ist bekannt, dass es an der Kolonisierung der Gemeinde beteiligt war (die Prämonstratenser erteilten deutschen Siedlern Privilegien).

Kaum irgendwo östlich der March gibt es ein so schönes Zeugnis barocker Architektur und der bildenden Kunst wie eben im ausgedehnten Kloster von Jossau (*Bild oben*). Es ist ein Werk wie „aus einem Guss", gebaut in einem reinen Stil, der Meister Pilgram und drei weiteren Künstlern zugeschrieben wird. Der Grundriss wiederholt die Disposition der großen süddeutschen und österreichischen Barockklöster, mit einer zentral situierten Kirche flankiert von zwei quadratischen Innenhöfen. Die Hauptfassade, dominiert durch die beiden Türme, harmoniert gut mit den schönen Portalen, Giebeldreiecken, Risaliten und Pilaster. Die Bemalung der Kirche (die Zentralmalerei zeigt eine Predigt Johannes des Täufers), wirkt durch die eine Illusion hervorrufende Perspektive so, als verlöre sich die Decke im Himmel. Sie stammt, wie auch das Bild des Hauptaltars – Johannes der Täufer – und auch der Seitenaltäre, von Johann Lukas Kracker. Es sind hervorragende Arbeiten dieses großen Barockmalers. Die Plastiken, die auf Konsolen stehenden Figuren und auch den sonstigen Figurenschmuck schuf Johann Anton Krauss. Mit Ausnahme bei der Statuen des Hauptaltars sind die Plastiken – wohl im Sinne von Meister Pilgram – mehr oder weniger mit der Architektur der Kirche verbunden und sind so als isolierte Schöpfungen der bildenden Kunst zu verstehen (*Bild links*). Die markant modellierten Gesichter, die Gebärden und der reiche Faltenwurf der Gewänder unterstreichen die Gesamtkomposition des Raumes, für den die hochbarocken Stuckarbeiten von Johann Ignaz Hennevogel den großzügigen Rahmen bilden. Auch das Deckengemälde der Bibliothek (80 000 Bände), schuf Johann Lukas Kracker. Die allegorischen Gestalten symbolisieren die vier Wissenschaften der Universitätsfakultäten – die Theologie am Sterngewölbe, die Rechtswissenschaft und Philosophie als Greise und die Medizin als junge Frau. Dazu gesellt sich die Allegorie der Kunst und des Lebens und Todes.

## DIE HAMMERSCHMIEDEN IN METZENSEIFEN (MEDZEV)

Eine Besonderheit der Slowakei sind die von Wasser betriebenen Hammerschmieden in Metzenseifen. Früher waren über 100 dieser Schmieden an Bächen der Umgebung in Betrieb. Hier stellte man landwirtschaftliche Geräte her, die auch im Ausland gefragt waren. Längst sind sie außer Betrieb, nur einige dienen noch als Touristenattraktion.

# SCHAROSCH KANN AUF ETLICHES STOLZ SEIN

## DIE NIKOLAUSKIRCHE IN EPERIES (PREŠOV)

### SAKRALBAUTEN ANDERER RELIGIONEN

Etwa 300 Jahre nach der Errichtung der röm.-kath. Nikolauskirche stand diese nicht mehr allein auf dem Marktplatz, da man 1637–42 in ihrer unmittelbarer Nähe eine evangelische Kirche baute. Als immer mehr ehemalige katholischer Kirchen, die einst den Evangelischen zufielen, zurückgegeben werden mussten, verloren die Evangelischen auch die Nikolauskirche. Kurz entschlossen bauten sie sich auf diesem bevorzugten Platz eine neue Kirche. Die evangelische Dreifaltigkeits-Kirche hat eine geschmackvolle Innenausstattung. Am südlichen Ende des Marktplatzes steht die griech.-kath. Kirche mit einer bewegten Vergangenheit (*Bild auf Seite 191*). Gebaut wurde sie 1429 von den Karmelitern, war zeitweise evangelisch. Mitte des 18. Jh. wurde sie barockisiert und diente als bischöfliche Kathedrale der griech.- kath. Kirche. 1950 fiel sie den Orthodoxen zu, wurde aber 1989 wieder den Griechisch-katholischen zurückgegeben. Im Inneren steht ein mit zwei Bilderreihen reich ausgestatteter Ikonostas.

In der Mitte des leicht gebogenen spindelförmigen Platzes steht an der sich verengenden Stelle (dort, wo die Straße den Park kreuzt) die Nikolauskirche (*links die Außenansicht, unten die Innenansicht*). Vorerst im 14. Jh. einschiffig erbaut; in zwei weiteren Bauabschnitten wurde zu Beginn des 16. Jh. unter Beteiligung der Meister Nikolaus, Johann und Michael, die Südwand und abschließend die Nordwand beseitigt und das Schiff zu einer dreischiffigen Hallenkirche umgebaut. Die schönen Netz- und Kreuzgewölbe (das gilt auch für das Presbyterium) ruhen auf mächtigen vieleckigen Pfeilern. Eine gotische Konsole, gestützt auf einen bärtigen Männerkopf (Symbol der lastentragenden Lebenskraft) stammt noch aus der ursprünglichen Kirche. 1788 wurde das schöne klassizistische Südportal gebaut. Die von den Evangelischen eingebauten Emporen wurden später beseitigt, die letzte 1949.

In den großen barocken Hauptaltar von 1696 setzte man den Schrein eines gotischen Flügelaltars ein, nachdem man zwanzig Jahre früher zwölf gotische Altäre ent-

fernt hatte. Den Altarschrein und die drei lebensgroßen Statuen Marias, Nikolaus und Adalberts schuf im Jahre 1490 der Schnitzer Johann Weiss für seine Geburtsstadt.

Die vierzehn Bildtafeln des alten gotischen Hauptaltars (zugeschrieben Albert Gode und Meister Peter aus Eperies), wurden Ende des 18. Jh. zur Herstellung von Senatorenbänken verwendet. Soweit sie wiedergewonnen und restauriert werden konnten, wurden sie um 1990 zum Aufbau des Passionszyklusses verwendet. Durch die Fähigkeit der Maler gelang eine Übertragung der biblischen Szenen in den Rahmen des damaligen bürgerlichen Lebens.

Die Nikolauskirche besitzt eine Anzahl neuerer Altäre, aber auch einige schöne alte Stücke, wie z.B. die Kreuzweggruppe vom Ende des 14. Jh., eingesetzt in den Triumphbogen, die Szene Ecce Homo neben dem Erzengel Gabriel von Meister Paul von Leutschau (Levoča); beide Werke sind annähernd aus dem Jahre 1510. Diese Gestalt Christi könnte auch ein Werk des genannten Künstlers sein.

## DIE SYNAGOGE

Sie steht außerhalb des Marktplatzes, nahe der Stadtmauer. 1888 erbaut und großzügig von Anton Martinelli ausgestattet. Trotz der Beschädigungen während des 2. Weltkrieges (durch Bomben, sie diente auch als Pferdestall), wurde sie wieder hergestellt und ist heute Kultstätte und Museum.

# DER KAISERLICHE GENERAL CARAFFA
# UND ANDERE ASSOZIATIONEN

## EIN SPAZIERGANG DURCH DAS ZENTRUM
## VON EPERIES (PREŠOV)

**DER NEPTUNBRUNNEN**

steht im südlichen Teil des Marktplatzes, wo sich schon früher eine Zisterne befand. Gebaut wurde er im ersten Viertel des 19. Jh. vom Kaschauer Bildhauer Vincenz Staviarsky. Er erinnert an Markus Holländer, den ersten Juden, der sich in Eperies niederlassen durfte. Sein Gesicht soll in der Gestalt des Neptun verewigt sein.

Für den Tag der Hinrichtungen am 5. 3. 1687 auf dem Marktplatz hatte der General Caraffa alles sehr gut vorbereitet. Nördlich vom evangelischen Kollegium stand das Schafott und als um 10 Uhr die Sturmglocke erklang, füllte eine Menschenmenge den Platz. Auch die 30 Henker fanden sich ein. Die Verurteilten wurden erst gehenkt und danach geköpft. Vom Fenster seines Hauses aus, in der Nähe des Richtplatzes, sah der General zu, in der Meinung, der Gerechtigkeit und dem Kaiser in Wien – Leopold I. – einen guten Dienst erwiesen zu ha-

ben. Aber die Geschichte urteilte anders; sogar der Papst verurteilte diese Tat an den unschuldigen Protestanten, als er vor einigen Jahren die Slowakei besuchte. Für die 24 Opfer des „Eperieser Blutbades" wurde an der Nordseite des evangelischen Kollegiums ein Denkmal errichtet. Dieses große Gebäude, das einen beträchtlichen Teil des Platzes einnimmt, entstand in drei Zeitabschnitten: 1666–68 wurde im Renaissancestil ein dreiflügliger zweistöckiger Bau errichtet. Nach 60 Jahren kam der vierte Flügel hinzu, der den großen Hof abschloss.

Die Aufstockung und Anpassung der Fassaden im neoklassizistischen Stil erfolgte im Laufe des 18. und 19. Jh.

Auf den schmalen mittelalterlichen Parzellen stehen viele, sehr schöne Häuser, die im Stil unterschiedlich gestaltet sind. Das lässt ein Bild der Vielfalt und Dynamik entstehen. Und noch etwas: In keiner slowakischen Stadt gibt es eine solche Anzahl an Häusern im Stil der Sezession und des Historismus. Besonders interessant ist das Rákoczi-Haus (*Zentralbild*), ein Renaissancepalais, das Sigmund Rákoczi Ende des 16. Jh. erbte und auch gleich umbauen ließ. Zu den interessanten Bauten gehört auch das Rathaus, das 1511–20 errichtet wurde, um 1780 im klassizistischen und 1887 im neubarocken Stil umgebaut. Gebäudeteile erstrecken sich bis zur nächsten Parallelstraße, wo das sog. Caraffa-Gefängnis steht, ein wuchtiger Bau, den ein südländisch wirkender Giebel auflockert. Ein relativ junger Bau ist die zu Beginn des 18. Jh. errichtete röm.- kath. Kreuzkirche.

*Oben: Griechisch-katholische Kathedrale*

Typisch für das Zentrum von Eperies sind Giebel-Attiken mit feinen Sgraffiti (*Bild unten*). Auffallend ist auch ein großes vierflügliges Gebäude – das Klobuschicky-Palais, erbaut 1760–80 im Barockstil. Unter dem reichen Stuck der Fassade ist ein Bild der Verkündigung Marias. In der sog. Redoute aus dem 17. Jh. war früher der Gasthof „Schwarzer Adler" und bis zum Neubau des Theaters wurde hier gespielt.

# „GOTT
WACHT…"

## DER GROSSE MARKTPLATZ VON BARTFELD
## (BARDEJOV)

**STADTBEFESTIGUNGEN**

Ihr wesentlicher Teil entstand in den Jahren 1352–76 ursprünglich mit drei Toren. Im 15. Jh. wurde die Befestigung erweitert, sodass sie einschließlich der Tore 23 Basteien besaß. Von den Festungsmauern blieben beträchtliche Teile erhalten und sind im Osten, Süden und Norden untereinander verbunden. Unter den 11 noch erhaltenen Basteien befinden sich einige auffallende Objekte: östlich die Dicke Bastei, westlich die Kloster- und Schulbastei und auf der nördlichen Seite die halbrunde Bastei. Vor dieser steht frei im Park die schöne Archiv-Bastei. Nordöstlich steht die nicht mehr gut erhaltene Renaissance-Bastei und im Osten befinden sich die Rote und die Große Bastei. Von den Toren ist am besten das untere Tor an der nordöstlichen Ecke der Stadt erhalten; die übrigen mussten dem Verkehr weichen. Bartfeld is auf der UNSESCO-Liste des Weltkulturerbes.

Auf dem Bartfelder Marktplatz fallen mehrere bemalte Häuser auf, die im Renaissancestil nach dem damaligen bürgerlichen Geschmack gestaltet sind (*siehe Bild rechts unten*). Auf einem dieser Häuser befindet sich eine Wort- und Bilddarstellung. Es ist ein Dreieck mit einem strahlenden Auge (das Auge Gottes), eine Kugel, gehalten von einer Hand (die Erde in Gottes Hand), was die sinngemäße, sich reimende Aussage ergibt: „Gott allein erhält und regt, was die ganze Erde trägt, und sein Auge Tag und Nacht, über seine Christen wacht". Hervorgehoben sind die Worte „Gantz" und „Augh", die der Schlüssel zum Namen des Hausbesitzers sind: Gantzauge (Wappen über dem Eingang). Das Haus aus dem 13. Jh. war ursprünglich gotisch und wurde

1566 im Renaissancestil umgestaltet. Das schöne Renaissance-Portal trägt die Inschrift: „Wer Gott TRAWT- DER Woll baut" („Wer Gott traut, der gut baut").

Auf dem fast genau rechteckigen Marktplatz – eine Zentralanlage – stehen nebeneinander ähnlich aussehende Handwerks- und Bürgerhäuser (*Bild rechts*). Auf der nordwestlichen Seite dominiert die Ägidiuskirche. In der Mitte des Platzes steht das Rathaus (*Zentralbild*). Es wurde 1505 spätgotisch vom Meister Alexander Lapicidus begonnen und vom italienischen Meister Alexius 1508 um wesentliche Teile – Portale, Erker, Fenster – im Stil der Renaissance erweitert und umgestaltet. 1509 vollendete Meister Johann den Bau im spätgotischen Stil. Auf der Giebelspitze steht der sagenhafte Roland, es ist eine Kopie. Das Original befindet sich zum Schutz vor der Umweltein-

## LEONHARD STÖCKEL (1510–1560)

war eine große Persönlichkeit der Stadt Bartfeld. Als Pädagoge hatte er Weltruf, außerdem organisierte er das Schulleben und legte so die Grundlagen für das hohe Niveau der Ausbildung. Als Schüler Martin Luthers und Philipp Melanchthons verfasste er 1549 die Confessio Pentapolitana, um die Einbeziehung der Lutheraner in die Reihen der Ketzer – entsprechend den Verordnungen von Kaiser Ferdinand I. – zu verhindern. Dieses Glaubensbekenntnis des Fünfstädtebundes war das erste im Königreich Ungarn und das einzige in Europa, das neben der Anerkennung des Kaisers auch diejenige der röm.-kath. Kirche fand.

wirkung im Museum. Früher wurde das Untergeschoss des Museums als Markthalle genutzt, die Räume darüber dienten der Stadtverwaltung. Im Eingangserker ist eine Fratzenfigur angebracht, die dem Eintretenden das nackte Hinterteil zeigt. War wohl ein boshafter Steinmetz?

# DAS ALLES DANK EINER REICHEN UND FREIGIEBIGEN WITWE

## DIE ALTÄRE DER ÄGIDIUSKIRCHE
## IN BARTFELD (BARDEJOV)

### DIE ÄGIDIUSKIRCHE

Ursprünglich 1415 gebaut als dreischiffige Basilika anstelle einer älteren kleinen Kirche. Nach mehr als 30 Jahren wurden das Presbyterium, die Sakristei und die Katharinen-Kapelle angebaut. Nach Erneuerung des Presbyteriumgewölbes wurde das Schiff von Meister Urban erhöht und mit einem unregelmäßigen Netzgewölbe versehen. Von ihm stammen auch die Vorhalle und zwei weitere Kapellen. Er begann auch mit dem Bau des Turms, den Ende des 15. Jh. J. Stemasek aus Ansbach (Bayern) vollendete. Etwa 180 Jahre später wurde die Kirche durch einen Brand schwer beschädigt und zur Aufnahme der Glocken musste ein freistehender Renaissanceturm errichtet werden. Dieser wurde erst 1900 abgerissen, nachdem ein neuer nach einem Projekt von F. Schulek gebaut worden war. Im Westgiebel befindet sich eine große bunte Rosette, ein selten vorkommendes Element in der Slowakei.

194

Besondere Aufmerksamkeit verdienen die zwölf Flügelaltäre, nicht nur wegen ihrer hohen Anzahl, sondern auch wegen ihrer Qualität. In den drei Schiffen wirken sie mit ihren ausladenden Flügeln wie Bühnenkulissen (*auf den Bildern Details*). Sie bezeugen auch die Blüte der königlichen Freistadt Bartfeld. Die Stadt musste sich in schweren Zeiten durchsetzen, was ihr Dank der Monopolstellung in der Erzeugung von Leinen und Barchent gelang. Zu Beginn des 16. Jh. war hier eine beträchtliche Anzahl von Zünften. Aber auch der Handel, unter anderem mit Polen, führte zu einer starken Stellung der Stadt. Daher ist es kaum verwunderlich, dass sich viele Bürger der Stadt für sie als Mäzene einsetzten. Obwohl diesbezüglich viele Stiftungen im Dunkeln blieben, sind die großzügigen Geschenke der reichen Witwe Veronika Mager aktenkundig. 1481 ließ sie die nach ihr benannte Kapelle an das südliche Seitenschiff anbauen. Acht Jahre später stiftete sie einen herrlichen Flügelaltar, mit der Jungfrau Maria im Mittelpunkt, flankiert von zwei übereinander gestellten Plastiken – Petrus mit Hedwig und Paulus mit Johannes dem Evangelisten. Die Plastiken werden größtenteils Meister Stefan aus Kaschau (Košice) zugeschrieben. Ein außergewöhnlicher, spätgotischer Flügelaltar ist der Christi-Geburts-Altar, geschaffen wahrscheinlich auch von Meister Stefan aus Kaschau. Ungewöhnlich reichhaltig und schön aufgebaut ist der Schrein, der als Relief zahlreiche freie Plastiken enthält. Eine liebliche Madonna ist hier umgeben von vielen Engeln, Hirten und anderen Personen, zusammen 23, architektonisch sehr wirkungsvoll gruppiert. Die ikonografische Idee des Altars wird auch durch andere Plastiken und die farbenfrohen Tafelbilder, gemalt nach Stichen von Martin Schongauer, mitgestaltet. Ein weiterer, sehr schöner Flügelaltar ist der Barbaraaltar von 1450–60. Außer der wirkungsvollen hl. Barbara stehen hier noch weitere weibliche Gestalten. In der Predella befindet sich eine, wahrscheinlich 300 Jahre später eingefügte, Figurengruppe mit Gott-Vater als Zentralgestalt. Beide Werke werden Meister Paul aus Leutschau zugeschrieben (was jedoch zweifelhaft ist). Unter den anderen schönen Altären befindet sich auch der Kreuzigungsaltar von 1480–90.

*Oben: Altar der hl. Anna*

*Unten: Altar der hl. Barbara*

**Auf gegenüberliegender Seite:**
*Predella des Altars der hl. Barbara*

# DIE KAISERIN UND DAS BAD

## BAD BARTFELD
## (BARDEJOVSKÉ KÚPELE)

### HERBERTSDORF
### (HERVARTOV)

Die monumental wirkende einschiffige Herbertsdorfer Kirche mit dem konischen Turm wurde vor 1500 erbaut. Die Innenwände sind mit mehrfach ergänzten Malereien bedeckt. Auf dem gotischen Altar aus dem Jahre 1460–70 bilden Heilige die Zentralgestalten. Es sind die Katharina, Maria und Barbara. In der Reformationszeit wurde das Bild übermalt und aus Maria wurde Dorothea. Während späterer Restaurierungsarbeiten wurde der ursprüngliche Zustand wieder hergestellt. Die Herbertsdorfer Kirche ist dem hl. Franziskus von Assisi geweiht und ist die einzige katholische Holzkirche der Ostslowakei.

### JEDLINKA

Aufmerksamkeit verdient auch die dreiräumige griech.-kath. Holzkirche aus dem Jahre 1763 in Jedlinka, mit einem unwahrscheinlich reichen und harmonischen Farbenspiel ausgestatteten Ikonostas vom Ende des 18. Jh.

Sicher werden viele erstaunt sein, wenn sie erfahren, dass das Denkmal einer sitzenden Frauengestalt (*Bild rechts*) in Bad Bartfeld die vorletzte österreichische Kaiserin Elisabeth, die populäre unglückliche „Sissi" darstellt. Erstaunlich ist eigentlich nicht, dass die reiselustige Kaiserin auch hier gewesen ist, sondern, dass keine ihrer Lebensbeschreibungen diesen Aufenthalt erwähnt, obwohl das Leben keiner Frau so durchleuchtet wurde, wie das ihre. Denn ganz unbekannt war das Bad auch zu jener Zeit nicht, wurde es doch von mehreren gekrönten Häuptern besucht – Josef II., Marie Luise, Alexander I. und anderer. Auch die Anfänge des Bades reichen weit zurück in die Vergangenheit; so waren schon 1505 Badekabinen vorhanden, in damaliger Zeit eine Seltenheit. Längst kannte man die heilende Wirkung des alkalisch-eisenhaltigen Mineralwassers und Moores, verstärkt durch die günstigen klimatischen Verhältnisse und die Nadelwälder. Heute werden hier Krankheiten der Verdauungsorgane, des Stoffwechsels und der oberen Atemwege behandelt. Die Existenz des 1903 errichteten Elisabethdenkmals war öfter gefährdet. Dass es trotzdem, ohne Schaden zu nehmen, auf seinem Platz verblieb, ist beinahe ein Wunder, dem natürlich nachgeholfen werden musste. Nach dem ersten Weltkrieg, als alle Denkmäler der Habsburger fielen, wurde aus der Elisabeth die Bankiersgattin Sarah Rothenstein, 1939 schützte ein fingiertes Gutachten das Denkmal als das Ideal der slowakischen Frau, 1945 wurde es zur Katharina II., 1948 wieder zur Sarah und 1950 musste endlich die wirkliche Identität nicht mehr verheimlicht werden, jedoch hervorgehoben wurden ihre Sympathien gegenüber dem Proletariat. Auch wenn dies nicht ganz der Wahrheit entspricht...

# SZENEN DES JÜNGSTEN GERICHTS

## DIE GRIECHISCH-KATHOLISCHE KIRCHE IN KOŽANY

In der kleinen Gemeinde Kožany, östlich von Bartfeld (Bardejov), befindet sich eine untermauerte Holzkirche, erbaut im Stil der östlichen Karpaten (*Bild unten*). Geweiht ist die Kirche der Jungfrau Maria Lichtmess.

Außer dem Baldachinaltar mit der Ikonostase fesselt den Betrachter vor allem die dramatische Malerei (*Bild rechts*). Direkt unter dem wilden Drachenmaul befindet sich das Bild der Vorhölle. Aristokratische Kumpane

### ZWEI TYPEN DER GRIECH.-KATH. HOLZKIRCHEN

An den unterschiedlichen Grundrissen der Holzkirchen der Slowakei, lassen sich sofort die entsprechenden Konfessionen erkennen: die röm.-kath. bevorzugt den lang gestreckten Saal, die evang.-luth. das griechische Kreuz, während die griech.-kath. die typische Dreiräumigkeit hat. Trotzdem ist die äußere Form der griech.--kath. Holzkirche (die meisten wurden im 18. Jh. erbaut) durch zwei Bauarten geprägt: Die sog. Sattelbauweise, bei der die drei Räume mit einer Dachfläche überdeckt sind, und die dreitürmige Bauweise, in der betonte Türme in Zwiebeln enden; ein Beispiel dafür ist die Kirche in Šemetkovce, von 1752 (*Bild oben*) und die Kirche in Uličské Krivé mit einem Satteldach (*Bild Seite 204/3*).

ergeben sich genussvoll dem Kartenspiel, während der pflügende Bauer, der mit seinem Pflug auf herrschaftliches Gebiet geriet, dafür in der Hölle weiter schuften muss. Es ist eine mutige Kritik der damaligen sozialen Verhältnisse, die das große Bild des Jüngsten Gerichtes in der Kirche von Kožany vermittelt (*Detail der Szene unten*). Es stammt aus dem 18. Jh. und es zeigt die Höllenqualen der Sünder, die im Leben göttliche und menschliche Gesetze missachteten. Unter jeder Szene gibt eine lateinische Inschrift das Verschulden an: Diebstahl, Mord, Hochmut, Treuebruch. Gegenüber der Hölle, vor dem geöffneten Tor des Paradieses, stehen die Guten und Gerechten.

Nicht wegzudenken von diesen Szenen ist die Waage der Gerechtigkeit, dessen Zünglein die Teufel versuchen für sich zu beeinflussen. Auch der Thron Gottes mit der ausgelegten Bibel, mit Adam und Eva und das Himmelreich mit Christus, den Engeln und der Gefolgschaft aller Heiligen fehlt nicht. Außerhalb des Himmels agieren in der Darstellung des Jüngsten Gerichtes wilde Teufel, die den ankommenden Sündern die Hölle so heiß wie möglich machen.

Unter den Darstellungen des Jüngsten Gerichtes (diese Thematik ist in fast jeder griech.-kath. Kirche präsent), hat die von Kožany Detailreichtum. Mit viel Fantasie versuchen diese Kompositionen entfernte Geschehnisse dem menschlichen Vorstellungsvermögen zu vergegenwärtigen. Ein beliebtes Motiv ist der Wurm der Sünde. So findet der Betrachter Adam auf der Seite der Gerechten, Eva indessen auf der entgegengesetzten Seite und ihre Schuld (Unschuld?) wird erst gewogen. Moses spielt auch eine Rolle: er weist auf einzelne Völkerschaften, wie Türken, Deutsche, Polen, aber auch auf die Calvinisten und Lutheraner hin, die alle auf das Jüngste Gericht warten.

# EINE NICHT ZU ÜBERTREFFENDE HARMONIE

## DIE KUPPELN DER GRIECHISCH-KATHOLISCHEN KIRCHE VON MIROĽA

### BODRUŽAL UND LADOMÍROVÁ

In den Kirchen beider Gemeinden sind die „göttlichen" Prinzipien, die Dreitürmigkeit und die innere Anordnung des sakralen Raumes schön gestaltet. Die Kirche in Bodružal (*Bild oben*) wurde 1658 gebaut und besitzt zwei, auf nackter Holzwand gemalte Darstellungen – das Jüngste Gericht und unmittelbar daneben die Kreuzigung. Die Kirche in Ladomírová wurde 1742 errichtet.

Liegen die Spitzen der drei Turmkuppeln oder die abschließenden Kreuze auf einer gedachten, schief liegenden Geraden und werden die Doppelzwiebeln (hier von Laternen unterbrochen) vom höchsten Turm abwärts noch geringfügig kleiner, so stellt sich eine zwar unauffällige, aber den Gesamteindruck bestimmende Harmonie ein. Bewunderungswürdig ist auch, wenn Menschen die Fähigkeit haben, intuitiv eine Vorstellung zu realisieren ohne angemessene Kenntnisse im Bauwesen, ohne je etwas vom „goldenen Schnitt" oder anderen geometrischen Gesetzmäßigkeiten gehört zu haben, ihre Ideen ohne irgendwelche Skizzen in die Praxis umzusetzen. Ein besonderes Beispiel dafür ist die Kirche der Gottesmutter von Miroľa, wo der ansprechende Gesamteindruck durch eine Abstufung der drei pyramidenartigen Dächer noch erhöht wird. Aber auch das Innere der Kirche gehört zu dem Schönsten, das von den fast 30 noch existierenden griechisch-katholischen Holzkirchen in der Slowakei geboten wird. Wie üblich trennt der Ikonostas den zweiten Raum – das eigentliche „Schiff" – vom dritten, dem Allerheiligsten, in dem (verglichen mit dem Ikonostas) ein wesentlich bescheidenerer Altar steht. Hier vollzieht der Geistliche, nicht sichtbar für die Gemeinde, den wesentlichen Teil des Gottesdienstes. Der Ikonostas trennt die menschliche von der göttlichen Welt.

Die funktionale, also räumliche Gliederung, aber vor allem die dargestellten Inhalte sind in allen Kirchen mehr oder weniger gleich. Größere Unterschiede sind in der mehr oder weniger kostbaren Ausstattung zu finden.

Neben einigen Einzelikonen sind in Miroľa auf Bildern auch Hirten und Frauen in damaligen slowakischen Trachten zu sehen.

## DIE GEMEINDEN UNTER DEM DUKLA-PASS

Es sind kleine Gemeinden, die sich zur polnischen Grenze hin ausbreiten und abseits des Alltagstrubels der zivilisierten Welt liegen. Als hätten ihre schönen Holzkirchen und wertvollen Nationaldenkmäler die Zeit angehalten. So erhalten ist auch die Natur. Im Bereich der Gemeinden befindet sich ein Natur-schutzgebiet mit dem Miroler Moor und einer reichen Flora.

# DIE „SLOWAKISCHE RIVIERA"

## DER SEMPLINER STAUSEE
## (ZEMPLÍNSKA ŠÍRAVA)

**SCHLOSS IN GROßMICHEL (MICHALOVCE)**

Dieser ausgewogen wirkende schöne Bau am Ufer des Laborec (*Bild oben*), steht in einem überraschend großen, mehrfach umgestalteten Park. Im 17. Jh. entstand hier vorerst ein Renaissancebau mit offenen Arkaden. In den zwei folgenden Jahrhunderten ließ die Familie Sztáray zwei neue Flügel anbauen, wodurch ein Burghof entstand. Gleichzeitig wurden zwei polygonale Türme dazugebaut. Im Park liegen einige Bruchstücke des Domes in Kaschau (Košice), weiter befinden sich dort Fundamente einer romanischen Rotunde und einige alte Gräber. Es sind aber nicht die der Familie Sztáray, diese hat gegen Ende des 19. Jh. ihr eigenes Mausoleum auf dem Hügel Hrádok errichtet, das eine freie Nachbildung der Kapelle des hl. Michael in Kaschau ist.

Im Zusammenhang mit der Wasserwirtschaft in der Ostslowakei wurden etliche einschneidende Eingriffe in die Landschaft vorgenommen, die ihren Charakter beträchtlich veränderten. Auf diese Weise entstanden die größten künstlichen Wasserflächen der Slowakei, die zugleich der Allgemeinheit in der Freizeit für Sport und Erholung dienen, so sind sie attraktive Lokalitäten für Touristen und Urlauber. Kein anderer Stau-

see hat so viele positive Eigenschaften auf-
zuweisen, wie der Sempliner Stausee. Abgesehen davon, dass der Stausee mit
33,5 km² der größte slowakische See ist,
hat die Gegend auch klimatische und land-
schaftliche Vorzüge. Der etwa 12 km lange
Nordstrand hat bis zum Südufer eine vier
km breite Wasserfläche vor sich. Im Rücken,
also im Norden, ist die Gegend wunder-
schön – sanfte Hügel bedeckt mit Weinber-
gen, dahinter bewaldetes Bergland – das
Vihorlatgebirge (Vihorlatské vrchy) mit dem
1076 m hohen Vihorlat. Das Gebirge ist ein
hervorragender Schutz vor kalten Nord-
winden. Durch diese Lage herrschen in
der Uferlandschaft klimatische Bedingungen,
die ihr den Ruf eines mediterranen Gebietes
einbrachte.

Schon vor der Errichtung des Staudammes (1961–65) bot die Gegend bekannte
und gern aufgesuchte Plätze. So z.B. den in
die Umgebung eingebetteten Natursee in
Vinné, und vor allem ein sehr schön gelege-
ner Bergsee (Morské oko) in 600 m Höhe,
umgeben von 400 m hohen Bergen. Hier
blieb die romantische Unberührtheit bis heute erhalten. Erholungszentren sind auch die
Anlegeplätze, besonders für Wassersportler
(Biela hora, Hôrka, Pal'kov, Lúčky). Von hier
werden Bootsfahrten organisiert (*siehe Bild
unten*). Schön wirken auf dem Wasser die
weißen Segeln der Boote und Surfe.

### SCHLOSS IN TREBISCHAU (TREBIŠOV)

Und wieder ein Park, dies-
mal der schönste der einstigen Monarchie. Er ist ein
würdiger Rahmen für das
dreiflüglige, ursprünglich
barockklassizistische Schloss,
das 1786 Imrich Csáky
erbauen ließ. Später, schon
im Besitz der Familie Andrássy, wurde es im historisierenden Stil umgebaut und
erweitert. Im ausgedehnten
Park, ziemlich weit entfernt
vom Schloss steht das 1893
nach einem Projekt von
Arthur Meinig errichtete
Mausoleum.

# ZWISCHEN VIHORLAT UND DEM ONDAUER BERGLAND

## DIE VIELFÄLTIGKEIT DER HOMENAUER WELT
## (HUMENNÉ)

Das Gebiet, das man Krajňa nannte, lockte seit jeher Menschen an. Der Zusammenfluss von Laborec und Cirocha versprach gute Voraussetzungen, und schon in der Bronzezeit war die Gegend ziemlich besiedelt. Rege war es hier auch in den Zeiten der Völkerwanderung. Seit 1323 bis zum Ende des 17. Jh. war Homenau im Besitz des französischen Adelsgeschlechtes der Drughets. Während der Reformation

### DOMASCHA- UND CIROCHA-STAUSEE

In der Nordostecke der Slowakei befinden sich zwei große Stauanlagen, die beide in die dortige Gebirgslandschaft eingebettet sind. Domascha und ihre Umgebung sind gut und schön ausgestattet und ein beliebtes Touristenzentrum. Cirocha (Starina) ist etwas herber und liegt in einem Naturschutzgebiet, und ist deshalb für sportliche Betätigungen gesperrt. Es führt nur eine einzige Straße an ihr vorbei, die einen wunderschönen Ausblick bietet.

und Gegenreformation erlebte Homenau keine guten Zeiten. Auch die nahe liegenden Burgen Brekov und Jasenov wurden damals stark in Mitleidenschaft gezogen. Das bewog den Freiherrn Drughet, eine große Burg zu bauen, dort wo einst die Kurie stand. Heute sieht man das Schloss im Zentrum von Homenau nahe der Hauptstraße, nur durch eine Grünfläche der Parkanlage von ihr getrennt. Dieses langgestreckte Gebäude wurde durch seine Lage zur Dominante der Stadt und gehört zu den größten Anlagen der Slowakei. Dort, wo einst eine gotische Burg stand, ließ Gabriel Drughet 1610 den vierflügeligen Renaissancebau mit fünf ausgeprägten Türmen – vier Eck-

türmen und einem Turm über der Einfahrt – errichten. Nach dem Brand von 1684 ließen die neuen Besitzer, die Familie Csáky, das Schloss renovieren. In den folgenden Jahrhunderten wurde die Fassade des Schlosses ständig verbessert. So wurden die hohen Türme bis zu den Risaliten verkürzt und man beließ nur ihre etwas unterschiedliche Tiefe und Breite. Sie wurden auch bei einer späteren Anpassung an französische Vorbilder nicht wesentlich geändert. Zu Beginn des 19. Jh. wurde die Familie Andrássy der Eigner und diese sorgte für eine prachtvolle Ausstattung. Nach einigen Beschädigungen in den letzten Kriegsjahren, der folgenden Enteignung und dem Brand von 1946, der den größten Teil der Ausstattung zerstörte, wurden die Arkaden verglast und der Bau für Museumszwecke wieder erneuert. In der Nähe befindet sich auch die Kirche von Nová Sedlica aus dem 18. Jh. Bemerkenswert ist ihr barocker Ikonostas.

Im Gemeindegebiet befinden sich Ruinen der Jasauer Burg. Die Gemeinden zwischen den Wäldern der Ondau und der Laboretzer Anhöhe sind nicht groß. Manchmal stößt man auf eine wertvolle Holzkirche (z.B. in Uličské Krivé, *siehe Bild*). In dieser Welt war der Widerhall eines Rufes des 20. Jh., die Entstehung des Andy-Warhol-Museums (*Bild oben*), ein ziemliches Paradoxon unserer widersprüchlichen Zeit. Die Eltern des bekannten Pop-Art-Künstlers Andy Warhol (1928–87) stammen aus dem kleinen Dorf Miková (in der Nähe von Medzilaborce). 1991 wurde hier ein Museum der Modernen Kunst der Warhols gegründet.

### JASENOV

Nicht nur das Schloss in Homenau ist mit dem Namen des Gabriel Drughet verbunden. Auch die Ruine von Jasenov, auf dem nicht sehr hohen Berg des Vihorlater Gebirges, behielt ihn nicht in bester Erinnerung. In dieser Trutzburg des Homenauer Schlosses befand sich der Stammschatz der Drughets. In der Hälfte des 16. Jh. installierte hier Gabriel Drughet eine Münzfälschugswerkstätte. Auch soll er Raubgut hier gehortet haben, so den Bocskay-Schatz mit zwei Königskronen.

# ORTSVERZEICHNIS
(Slowakische und deutsche Namen)

# INHALT